Psycho-Power

Dieter Heckenschütz (Jahrgang 1942) veröffentlichte bisher im Eichborn Verlag die Bücher »Lehrer — ärger dich! Lehrbuch für die effektive Schülernotwehr« und »Nimm Dir Dein Recht — in Schule, Alltag und Familie«. Jetzt hat er sich die Beziehungen zwischen Menschen vorgenommen. Psycho-Power ist das Gegenteil von Anpassung: Eine Methode, mit anderen klarzukommen, ohne zu tun, was sie wollen.
Noch eins, Leute: Dieter Heckenschütz beantwortet jeden Brief, auch wenn's mal ein paar Wochen dauern kann. Auch in Zukunft wird er noch jeden Brief lesen — aber nur noch Briefe beantworten, denen Rückporto beiliegt. (Er braucht sein Honorar, um weiter arbeiten zu können: nicht für Briefmarken.)

Dieter Heckenschütz

Psycho-Power

in Schule, Familie, Freundschaft und Liebe

Eichborn Verlag

Danksagung

Der Autor dankt allen, die zu diesem Buch in oft langen Gesprächen beigetragen haben. Insbesondere dankt er Uwe Gruhle, der bei einem Gespräch den Begriff »Psycho-Power« fand: Er wurde zu dem Kristallisationskern, um den ein Buch bei der Niederschrift wächst.

Widmung

Für Renate, von der ich viel gelernt habe: Wer mit ihr klarkommt, kommt mit allen klar. D. H.

CIP-Kurztitelaufnahme der Deutschen Bibliothek

Heckenschütz, Dieter: Psycho-Power : mit anderen klarkommen in Schule, Familie, Freundschaft und Liebe / Dieter Heckenschütz. — Frankfurt am Main : Eichborn, 1985.
ISBN 3-8218-1049-1

 · Cover: Dö VanVolxem · Gesamtherstellung: Fuldaer Verlagsanstalt GmbH · ISBN 3-8218-1049-1 · Verlagsverzeichnis schickt gern: Eichborn Verlag, D-6000 Frankfurt 70.

INHALT

1. Teil: Warum wir mit anderen klarkommen müssen

Ein schwarzer Tag für »Django« Charlie

Was ein richtig verpfuschter Tag ist, das beginnt schon mit einem richtig verpfuschten Morgen. Weil Charlie am Abend zuvor einen Film mit Bud Spencer gesehen hatte, hatte er sich die ganze Nacht im Traum mit Polizisten geprügelt, und als ihn seine Mutter weckte, weil er in die Schule mußte, gab es den ersten Krach schon, bevor Charlie ganz wach war.

»Jeden Morgen dasselbe Elend mit dir«, sagte seine Mutter, als sie die Übergardinen in Charlies Zimmer zur Seite zog. »Du hast mir gar nichts zu sagen!« brüllte Charlie zurück. Am Frühstückstisch bekam er dann den nächsten Krach. »Mußt du denn noch stundenlang vor unserem Haus dein Moped laufen lassen, wenn du aus dem Kino kommst?« fragte sein Vater. »Das war nicht mein Moped!« schrie Charlie. »Immer, wenn dich was ärgert, soll ich daran schuld sein!« Charlie stand wütend vom Frühstückstisch auf, ging in sein Zimmer und schmiß die Bücher in seine Schultasche. Als er aus der Wohnung wollte, stand sein Vater neben der Tür. »Du willst doch nicht in diesen Klamotten in die Schule?«

»Klar will ich!« sagte Charlie, der stolz auf sein T-Shirt war, in das er mit der Rasierklinge Schlitze geschnitten hatte und das prima zu seiner schwarzen Lederhose paßte. »Ich kann doch wohl wenigstens anziehen, was ich will!«

Charlie polterte die Treppe hinunter, stieg auf sein Moped, und an der nächsten Ecke hielt ihn ein Polizist an. »Mann, ich habe das Moped nicht frisiert!« sagte Charlie, bevor der Polizist auch nur ein Wort gesagt hatte. »Der Auspuff ist kaputt. Ich bringe das heute nachmittag in Ordnung. Die Polizei braucht sich doch nicht um jeden Dreck zu kümmern!«

»Das überläßt du wohl am besten uns«, sagte der Polizist, während er Charlie eine Mängelkarte schrieb, mit der er sein Moped am nächsten Tage vorführen sollte. Klar, daß Charlie zu spät in die Schule kam. Als er in den Kurs kam, brüteten die anderen schon über einer Englisch-Arbeit. »Das war höhere Gewalt«, sagte Charlie. »Ein Bulle hat mich auf dem Weg zur Schule angehalten!«
Alle brüllten. Charlie schlich zu seinem Platz. Als er die Englisch-Arbeit abgab, wußte er schon, daß er bestensfalls eine Fünf geschrieben hatte. In der großen Pause ging er zu seinem Klassenkameraden Rolf, dessen Vater eine Tankstelle hatte. »Du, ich hab Ärger mit den Bullen gehabt. Ich brauch einen neuen Auspuff und hab keine Mark auf der Tasche. Kannst du von eurer Tankstelle einen besorgen?«
»Ausgeschlossen«, sagte Rolf. »Bei uns sind alle Ersatzeile unter Verschluß.«
In der nächsten Stunde hatte Charlie dann beim Jahrgangsstufenleiter Unterricht. Die jährliche Studienfahrt wurde besprochen, und als der Lehrer um Vorschläge bat, meldete sich Charlie. »Ich bin für London«, sagte er. »Ein Freund von mir war mit seiner Klasse im YMCA-Hotel, da kann man unheimlich was aufmischen. Da sind jede Menge Discos und Pubs in der Nähe, einfach Spitze.«
»Ich hatte eigentlich auch an London gedacht«, sagte der Lehrer, »aber wenn es dort so unruhig ist . . . ich glaube, wir fahren doch ins Landschulheim. Da kostet der Aufenthalt auch nur zweihundert Mark, und ihr braucht weniger Taschengeld.«
Ein Stöhnen ging durch den Kurs, und obwohl Charlie in der folgenden Pause erklärte, der Lehrer hätte bestimmt von Anfang an nur ins Landschulheim fahren wollen, sagten die anderen, er hätte mal wieder alles vermasselt.
In der nächsten Stunde gab es dann eine Physikarbeit zurück. Charlie hatte eigentlich ein gutes Gefühl, denn in Physik war er unschlagbar. Als er sah, daß er nur eine Vier geschrieben hatte, ging er sofort nach vorn und knallte dem Lehrer sein Heft auf den Tisch. »Das darf doch wohl nicht wahr sein«, sagte er. »Ich habe alle Aufgaben richtig, wieso habe ich nur eine Vier geschrieben?« »Weil die Beweisführung fehlt«, sagte der Lehrer.
»Mann, die hab ich doch auf einem Zettel gemacht«, sagte Charlie.

Er hätte am liebsten vor Wut geheult, aber er griff nur nach seinem Heft und ging zu seinem Platz zurück.
Als er nach der Schule nach Hause kam, saß sein Vater, der Handelsvertreter war, schon am Eßtisch. »Ich habe den Auftrag von Karstadt leider nicht bekommen«, sagte Vater gerade, als Charlie in die Küche kam.
Mutter wollte darauf antworten, aber Charlie war schneller.
»Ich brauch zweihundert Mark fürs Landschulheim und hundert Mark Taschengeld«, sagte er. »Wir fahren nächsten Monat mit der Schule weg.«
»Was?« schrie Vater. »Schon wieder Geld?«
»Und sechzig Mark brauch ich sofort«, sagte Charlie. »Die Bullen haben mich angehalten. Ich muß ihnen mein Moped morgen vorführen.« »Darüber sprechen wir am besten heute abend«, sagte Charlies Mutter, aber Charlie hatte schon sein Besteck auf den Tisch geknallt und war aufgesprungen. »Ich will euch mal was sagen«, schrie er. »Ich habe die beschissensten Eltern, die es gibt! Ich habe euch doch nicht darum gebeten, mich in die Welt zu setzen!«
Nach diesem Satz rannte Charlie in sein Zimmer und schmiß sich auf sein Bett. »Keiner mag mich«, dachte er, »alle Menschen sind schlecht, und das Leben ist die reinste Katastrophe.« Jetzt, wo er sicher sein konnte, daß ihn keiner sah, weinte Charlie leise in sein Kopfkissen, aber eine Stunde später hatte er sich wieder so weit in der Gewalt, daß er aufstand und die Wohnung verließ. Dann klaue ich eben irgendwo einen Auspuff, dachte er. Und wenn ich dabei erwischt werde, sind meine Eltern selbst schuld. Warum geben sie mir kein Geld für den Auspuff?

Keiner lebt für sich allein — Jeder braucht die anderen

Auch wenn vielleicht übertrieben erscheint, was Charlie an einem einzigen Tag erlebt, jeder von uns kennt Menschen, die ständig mit anderen zusammenrasseln und mit jedem Krach bekommen. Wenn wir ehrlich sind, müssen wir zugeben, daß es uns manchmal nicht anders geht. Das ist auch kein Wunder. Von frühester Kindheit an lernen wir alles mögliche, aber das Wichtigste lernen wir nicht. Wir lernen, daß und wie wir uns »richtig benehmen« sollen. Wir lernen, daß wir unsere Eltern »lieben« sollen, daß man Erwachsene mit Sie ansprechen soll und daß man beim Essen nicht in der Nase bohrt. Wir lernen, daß man sich morgens und abends die Zähne putzen soll, aber wie Menschen beschaffen sind und wie man mit ihnen klarkommt, lernen wir nicht. Wir sollen uns unterdrücken lassen. Wer sich mit einem Moped in den Straßenverkehr wagt, muß zumindest die Verkehrsregeln kennen. Im Straßenverkehr kennt Charlie sich aus, sonst hätte er auf dem Weg zur Schule mindestens einen Unfall gebaut. Mit Menschen kennt er sich nicht aus, deshalb baut er mit ihnen einen Unfall nach dem anderen, und wie bei den meisten Unfällen hat nicht nur einer der Beteiligten den Schaden. Wenn sich nur alle Menschen, mit denen er zu tun hat, über Charlie ärgerten, könnte ihm das egal sein. Er brauchte sich nur ein genügend dickes Fell anzuschaffen.

Es ist aber so, daß jeder auf andere angewiesen ist. Jeder von uns hat ständig mit anderen Menschen zu tun, von denen er etwas will oder die von ihm etwas wollen. Wer mit Menschen nicht umgehen kann, erreicht bei ihnen überhaupt nichts. Noch schlimmer: Wer die Gesetze des menschlichen Zusammenlebens nicht kennt, durchschaut andere nicht und fällt immer wieder auf die Tricks herein, mit denen Menschen andere Menschen ausbeuten. Charlies Schulkameradin Claudia ist klüger. Sie kommt mit Menschen klar, und wer sie einen Tag lang beobachtet, wird schnell dahinterkommen, daß man nicht etwa dauernd nachgeben muß, wenn man mit anderen keinen Ärger haben will. Ganz im Gegenteil. Brave Kinder wollen nichts und kriegen auch nichts! Claudia will aber eine ganze Menge, und die anderen sind meist froh, wenn sie es ihr geben können.

Claudia Clever macht alles ganz anders: Psycho-Power!

Ein paar Tage nach Charlies Schwarzem Freitag verpennte Claudia, weil sie am Abend vorher bis um 10 in der Disco war. »Willst du denn heute überhaupt nicht aufstehen?« fragte ihre Mutter. Claudia schielte zum Wecker. Es war kurz nach halb acht, viel zu spät, um noch pünktlich in die Schule zu kommen. »Na, wird's bald?« fragte Mutter. Claudia legte sich gemütlich ihr Kopfkissen zurecht. »Wir haben heute erst eine Stunde später Schule«, sagte sie. »Sonst hätte ich doch gestern nicht so lange mit Gaby Mathe geübt.« »Ach so«, sagte Mutter. »Das konnte ich doch nicht ahnen.«

»Natürlich nicht«, sagte Claudia. Dann lächelte sie, so lieb sie nur konnte. »Kannst du mir dreißig Mark Vorschuß auf mein Taschengeld geben?« »Was?« sagte Mutter. »Schon wieder? — Sag bloß, du brauchst schon wieder Kosmetiksachen?«

»Oma hat doch übermorgen Geburtstag«, sagte Claudia. »Ich möchte ihr ein Kilo Bohnenkaffee und einen riesigen Blumenstrauß schenken!«

Bevor Mutter antworten konnte, sprang Claudia aus dem Bett, ging ins Badezimmer, und als sie eine Viertelstunde später mit einem schrecklich altmodischen dreiviertellangen Rock in die Küche kam, stand ihr Frühstück schon auf dem Küchentisch. »Warst du schon so früh beim Bäcker?« fragte Claudia, als sie die frischen Brötchen sah. »Wer denn sonst?« sagte Mutter. Claudia schmierte sich ein Brötchen mit Honig und machte dabei ein so trauriges Gesicht, daß es einem Blinden aufgefallen wäre. »Was hast du denn?« fragte Mutter. »Irgendwas nicht in Ordnung?« Claudia schüttelte den Kopf und machte ein Gesicht zum Steinerweichen, und als Mutter immer wieder fragte gab Claudia endlich Antwort. »Wir kriegen doch heute die Englisch-Arbeit wieder«, sagte Claudia mit Grabesstimme. »Ich hab mich so gut vorbereitet, aber bei dem schwierigen Text . . . ich glaube, der halbe Kurs kriegt eine Fünf. Manchmal denk ich, ich bin einfach nicht gut genug fürs Gymnasium.«

»Quatsch!« sagte Mutter. »Du hast mir den Text ja gezeigt. Ich hatte acht Jahre Englisch und hätte das auch nicht geschafft. Bei so einer schwierigen Arbeit ist eine Fünf bestimmt kein Weltuntergang. — Wenn die nächste Arbeit wieder so schwer ist, kommt Vater mal in die Schule und spricht mit eurem Englischlehrer!« »Ach was«, sagte Claudia. »Der ist schon in Ordnung. Ich muß eben noch mehr für Englisch tun!«

Claudia machte weiter ein trauriges Gesicht, bis Mutter Mitleid bekam und zwei Zwanzigmarkscheine aus dem Küchenschrank holte. »Hier. Du wolltes doch für Oma was besorgen.«

»Prima!« sagte Claudia. »Aber nur, wenn's wirklich geht. Notfalls kann ich mir auch von Gaby was leihen.«

»So weit kommt es wohl noch!« lachte Claudias Mutter. Claudia steckte das Geld ein, ging in ihr Zimmer, griff nach ihrer Schultasche und packte blitzschnell ihre Lieblingsjeans und einen Pullover in eine Plastiktüte. »Tschüß, Mutti!« rief sie aus dem Korridor in die Küche, dann fuhr sie mit der Straßenbahn in die Schule, wo sie zuerst auf der Toilette die Jeans und den Pullover anzog und die schrecklich altmodischen Sachen in der Plastiktüte verstaute. Dann rannte sie in den Kurs, klopfte leise an die Tür, und als der Englischlehrer sie in die Klasse ließ, atmete Claudia so schnell, als wäre sie den ganzen Weg zur Schule gerannt. »Eine alte Frau ist auf einer Bananenschale ausgerutscht«, sagte Claudia. »Alle ihre Sachen sind aus der Einkaufstasche gefallen, und da dachte ich . . .« »Natürlich«, sagte der Lehrer. »Setz dich auf deinen Platz. Ich will gerade die Klausur austeilen!«

Wie sie in Wirklichkeit erwartet hatte, hatte Claudia eine Vier geschrieben, und nach der Stunde, als die anderen schon in die Pausenhalle gerannt waren, ging Claudia langsam nach vorn. »Ich mach mir große Sorgen um die Englisch-Zensur!« sagte sie. Der Lehrer nickte: »Dazu hast du auch allen Grund.«

»Ich weiß«, sagte Claudia. »Ich überleg die ganze Zeit, was ich noch für Englisch tun könnte. Ich kaufe mir schon dauernd englische Zeitungen und höre den BBC . . . gibt es nicht irgendeinen Kurs, den ich besuchen könnte?«

Der Englischlehrer war überrascht. »Was? Nach der Schule noch lernen?« Claudia nickte. »Ich will doch wegen Englisch nicht sitzenblei-

ben.« Der Lehrer überlegte einen Augenblick, dann erzählte er von der Volkshochschule, wo er einen Englisch-Kurs leitete.
»Das wäre ja Spitze!« sagte Claudia. »Kann da jeder hinkommen?«
»Selbstverständlich«, sagte der Lehrer, und weil er einer so interessierten Schülerin helfen wollte, suchte er ihr sogar den Kurs aus dem Volkshochschulprogramm heraus. Jeden Donnerstag von sechs bis acht. »Bei dir hapert es ja hauptsächlich an der Grammatik«, sagte er. »Wenn du wirklich was dafür tun willst, dann kriegen wir das schon hin!« Claudia nickte und ging zu den anderen in die Pausenhalle.
Ihre Freundin Elke unterhielt sich gerade mit zwei Jungen, und Claudia ging sofort zu ihr. »Bei euch in der Konditorei gibt es doch den besten Kaffee in der Stadt!« sagte Claudia. »Meinst du, dein Vater könnte uns ein Kilo verkaufen? Wir haben schon überall gesucht, aber meine Großmutter . . . weißt du, die hat nächste Woche Geburtstag, und wir wollten . . .« »Selbstverständlich«, sagte Elke geschmeichelt. »Ist doch klar, daß ich dir helfe. Natürlich kriegst du den Kaffee zum Einkaufspreis.« »Spitze«, sagte Claudia, und dann erzählte sie vom Volkshochschulkurs. »Ich bin doch nicht verrückt und lerne noch nach der Schule!« sagte Elke. »Es geht doch nicht nur ums Lernen«, sagte Claudia. »Ich hab mir das Programm genau angesehen. Ein Kurs läuft von sechs bis acht und der nächste von acht bis zehn. Wenn wir es geschickt anstellen, können wir jeden Donnerstag noch zwei Stunden in die Disco.«
»Mensch«, sagte Elke anerkennend, »du bist doch wirklich das Gerissenste, was es gibt!«
»Ach was«, sagte Claudia. »Ich schade doch keinem! Ich will doch nur, daß es allen so gut wie möglich geht.«
Natürlich bekam Claudia auch den Blumenstrauß für ihre Großmutter fast umsonst. »Ich habe noch nie so schöne Rosen gesehen«, erklärte sie der Marktfrau nach der Schule, als die Händler schon anfingen ihre Ware wieder einzupacken, weil der Markt zu Ende ging. »Die züchtet mein Mann auch selber!« erzählte die Marktfrau stolz, und dann gab sie Claudia sechs langstielige Baccara für drei Mark. Eine Rose schenkte Claudia sofort ihrer Mutter, als sie (selbstverständlich in ihrem altmodischen Rock) von der Schule nach Hause kam. »Ich hab mich riesig gefreut«, sagte Claudia. »Stell dir vor, ich

habe in Englisch eine Vier geschrieben! Und ich hab mit dem Englischlehrer gesprochen. Ich werde mich bei der Volkshochschule anmelden.« »Meinst du, das nützt was?« fragte Mutter. Claudia nickte. »Ich hab mit Elke darüber gesprochen. Der Lehmann gibt einer Schülerin, die bei ihm einen Kurs mitmacht, bestimmt eine so gute Zensur wie möglich. Der wird doch beweisen wollen, daß er ein guter Lehrer ist!«
»Jetzt setz dich erst mal an den Tisch«, sagte Mutter. »Es gibt Linsensuppe.« — Klar, daß Claudia sich riesig darüber freute, obwohl Linsensuppe nicht ihr einziges Lieblingsgericht war. Genau genommen hatte Claudia überhaupt kein Lieblingsgericht, und sie hätte sich selbst über eine Kartoffelsuppe gefreut. »Alle mögen mich«, dachte sie, »alle Menschen sind prima, und das Leben ist wunderschön.«
Und als sie gegessen hatte, kaufte Claudia sich als erstes von dem Geld, das Mutter ihr geliehen hatte, einen wunderschönen Lippenstift.

Was Psycho-Power ist und weshalb sie immer funktioniert

Jetzt werden es sich viele einfach machen wollen. Für sie hat Charlie eben einen etwas unangenehmen Vater, und Claudia hat prima Eltern, einen klasse Englischlehrer, und in ihren Kursen gibt es einfach mehr Freundschaft unter den Schülern. Andere werden mit Entsetzen bemerkt haben, daß Claudia ohne Bedenken schwindelt, als sie sagt, die Schule würde erst später anfangen, und daß sie dem Lehrer dann die erfundene Geschichte von der alten Frau und der Bananenschale erzählt. Manche werden auch denken, daß Claudia jedem sagt, was er gern hört und daß sie eine ziemliche Egoistin ist, die sehr raffiniert erreicht, was sie will. Abgesehen davon, daß Claudia sich wirklich freut, wenn die Mutter frische Brötchen für sie holt: Wenn sie eine Egoistin ist, ist auch Charlie ein Egoist. Allerdings ein sehr ungeschickter: Er bekommt selten, was er will, und er hat mit allen ständig Krach. Claudia dagegen erreicht meist, was sie will und kommt sogar noch mit allen gut klar. Claudia schätzt andere Menschen richtig ein und behandelt sie entsprechend. Sie hat Psycho-Power und setzt sie richtig ein. Manche gehen instinktiv mit anderen richtig um. Wer Psycho-Power nicht von Kindheit an erworben hat, der muß sie später lernen! Psycho-Power ist außer Gesundheit das Wichtigste im Leben überhaupt. Keiner lebt für sich allein, aber jeder ist auf andere angewiesen. Wer mit ihnen nicht klarkommt, wird ziemlich einsam ein sehr unglückliches Leben führen. Selbst wenn er in der Schule oder später im Beruf Spitzenleistungen bringt, wird er nicht viel erreichen. Mit Psycho-Power wird im Leben alles einfacher, denn Psycho-Power ist die Fähigkeit, andere Menschen richtig einzuschätzen und entsprechend zu behandeln. (Sich selbst auch.) Klar, daß das immer funktioniert: Die meisten Menschen wissen, daß sie auf andere angewiesen sind und wollen mit ihnen in harmonischen Beziehungen leben. Wer ihnen dabei hilft, kann fast alles bei ihnen erreichen. Grund genug, so schnell wie möglich zu lernen, wie man seine Psycho-Power richtig einsetzt. Dieses Buch handelt von nichts anderem.

Wie Menschen sind und wie sie nicht sind

Jeder, der sich schon mal Gedanken über Menschen gemacht hat und diese Überschrift liest, wird kopfschüttelnd sagen, daß es »die Menschen« gar nicht gibt, weil jeder Mensch völlig anders ist. Jeder kennt »gute« Menschen und »schlechte«, »großzügige« und »geizige«, »freundliche« und »unfreundliche« und was es an Unterschieden noch alles gibt. Trotz dieser Unterschiede, von denen später noch die Rede sein wird, haben alle Menschen, zumindest alle geistig normalen Menschen, etwas miteinander gemeinsam. Die wichtigste Eigenschaft aller Menschen:

GRUNDGESETZ DER PSYCHO-POWER Nr. 1
Alle Menschen wollen ihren Vorteil erreichen und Nachteile für sich vermeiden.

So selbstverständlich dieser Satz ist, bei allen Gesprächen über Psycho-Power wehren sich gerade junge Menschen wütend gegen die Einsicht in diese Grundtatsache des Lebens. Das ist kein Wunder. Von Kindheit an werden wir manipuliert, weil sich Dummköpfe nun einmal leichter ausbeuten und für die Interessen anderer benutzen lassen als helle Köpfe, die durchblicken.
»Meine Mutter will bestimmt nicht ihren Vorteil«, sagte ein Mädchen in einer Realschule. »Die kocht und wäscht und tut alles für uns, ohne auch nur ein einziges Mal an sich zu denken!«
»Und was ist mit Mutter Teresa?« fragte wütend ein Abiturient. »Denkt die auch an ihren Vorteil, wenn sie die Sterbenden in Indien von der Straße aufsammelt?«
Ehrenwort! — Ich habe großen Respekt vor Mutter Teresa und allen Müttern der Welt. Ich bestreite aber, daß sie nicht auch an ihren Vorteil denken. Sie sehen ihren Vorteil nur in anderen Werten als andere. Für eine Mutter, die sich für ihre Familie entscheidet, bedeutet das glückliche Lachen ihres im Sandkasten spielenden Kindes einen größeren Vorteil als alle Schätze der Welt. Auch was die Mutter der Armen in Indien dabei empfindet, wenn sie Todkranken das Sterben erleichtert, weiß nur sie allein. Keine dieser beiden Frauen kann widerlegen, daß jeder seinen Vorteil sucht, denn jeder versteht unter einem Vorteil oder einem Nachteil etwas anderes. Genau das macht seine Persönlichkeit aus. Aufpassen muß man nur, wenn einem andere klarmachen wollen, was für einen vorteilhaft ist. Solche anderen denken dabei nämlich meist an ihren Vorteil, den sie zu unserem Nachteil erreichen wollen. Wer mit so dummen Sprüchen wie »Der brave Mann denkt an sich selbst zuletzt« daherkommt, der handelt meist nicht selbst nach diesem schwachsinnigen Prinzip, sondern will nur, daß wir danach handeln. Natürlich zu unserem Nachteil. Daß jeder seinen Vorteil sucht, hat auch nicht zur Folge, daß jeder für sich allein lebt, sondern schafft im Gegenteil erst die Voraussetzungen dafür, daß Menschen Beziehungen miteinander aufnehmen:

GRUNDGESETZ DER PSYCHO-POWER Nr. 2

Jeder ist auf andere angewiesen, wenn er im Leben etwas erreichen will. Auch durch Beziehungen sucht jeder seinen Vorteil: Menschen unterhalten Beziehungen miteinander, weil sie sich gegenseitig helfen können, Vorteile zu erreichen.

Weil sich das zweite Gesetz logisch aus dem ersten ergibt, gefällt es vielen auch nicht. »Wenn jeder in Beziehungen nur seinen Vorteil sucht«, denken sie, »will ich mit anderen sowenig wie möglich zu tun haben.« Solche Menschen sind meist mißtrauische Einzelgänger, die in jedem einen Feind sehen, dem sie von Anfang an feindlich begegnen. Natürlich machen sie sich damit das Leben schwer. Wer mißtrauisch und feindlich auf andere zugeht, bringt sie dazu, sich auch mißtrauisch und feindlich zu verhalten. Die meisten Menschen empfinden es zu Recht nicht als Vorteil, mit so verbiesterten Ekelpaketen etwas zusammen zu unternehmen, und sie machen einen möglichst großen Bogen um solche Menschen. Genauso idiotisch ist es allerdings, von anderen zu erwarten, daß sie nur unseren Vorteil wollen und völlig uneigennützig handeln. Viele Menschen verstehen es, diesen Eindruck zu erwecken — natürlich nur, weil sie dadurch einen Vorteil für sich selbst erreichen wollen.

Die ersten beiden Grundgesetze machen Beziehungen mit anderen Menschen nicht einfach. Weil jeder seinen Vorteil will, gibt es zwischen Menschen Interessengegensätze, Konflikte, Streit und Kampf.

Wenn Charlie Geld von seinem Vater will, will er einen Vorteil für sich. Wenn Vater das Geld nicht hergibt, will er einen Nachteil für sich vermeiden.

Natürlich denkt Charlies Klassenkamerad Rolf nicht im Traum daran, Charlie einen Auspuff zu besorgen! Rolf hätte davon nicht den geringsten Vorteil, aber einen Nachteil.

Klar, daß ein Lehrer nicht nach London will, wenn Schüler von einem lockeren Hotel und Discos erzählen. Von beidem haben Lehrer keine Vorteile, sondern nur Nachteile, weil sie für die Schüler verantwortlich sind. Claudia hätte in der gleichen Situation von Museen und Theater gesprochen und dem Lehrer gesagt, daß man viel mehr Interesse an einer Fremdsprache hat, wenn man das Land kennt, wo sie gesprochen wird. Wir erreichen bei anderen immer nur dann etwas, wenn sie auch einen Vorteil oder zumindest keinen Nachteil davon haben, wenn sie uns etwas geben, etwas für uns tun oder gemeinsam mit uns etwas unternehmen. Wenn junge Menschen wie Charlie so oft Schwierigkeiten bekommen und weder mit sich noch mit anderen klarkommen, passiert das, weil sie nicht wahrhaben wollen, daß die Welt und die Menschen nun einmal so sind, wie sie sind.

GRUNDGESETZ DER PSYCHO-POWER Nr. 3
Es gibt im Leben grundsätzlich nichts Wertvolles geschenkt, sondern man muß meist für alles, was man will, etwas tun. Alle »guten« Beziehungen zwischen Menschen sind Tauschbeziehungen, die allen Beteiligten Vorteile bringen.

Vielleicht fällt es uns so schwer, dieses Gesetz zu akzeptieren, weil wir in den ersten Lebensjahren als kleine Kinder von unseren Eltern alles scheinbar ohne »Gegenleistungen« bekommen. Unsere Eltern haben uns aber bestimmt nicht gewollt, weil sie nur Nachteile davon erwarteten. Kinder wie Claudia können Eltern sehr viel geben. Die Dankbarkeit und Anerkennung eines freundlichen Menschen kann für Eltern viel mehr bedeuten als das Geld, das Kinder zweifellos kosten. Davon abgesehen, der Staat zwingt Eltern durch Gesetze, für ihre Kinder zu sorgen. Wer seinen Kindern nicht gibt, was sie zum Leben brauchen, der wird bestraft. Mit Gesetzen und Gewalt kann man andere selbstverständlich dazu zwingen, auch gegen ihre eigenen Interessen zum eigenen Nachteil zu handeln. Wenn Charlie ein Gesetz erlassen könnte, nach dem alle tun müssen, was er will, wäre alles für ihn sehr einfach. Auch wenn er anderen einfach mit Gewalt wegnehmen dürfte, was er will, hätte er ganz gute Karten, solange er stärker ist als die anderen.

Aus gutem Grund kann aber nur der Staat Gesetze erlassen, mit denen er Spielregeln für das menschliche Zusammenleben schafft. Auch Gewalt darf (abgesehen von der elterlichen Gewalt über ihre Kinder) nur der Staat ausüben. (Welche Rechte man hat und wie man sie durchsetzt, kann man in meinem Buch »Nimm Dir Dein Recht!«, Eichborn Verlag, 10,— DM, erfahren. In diesem Buch geht es darum, wie man mit anderen im Rahmen des Rechts besser klarkommt und von ihnen bekommt, was man will.) Wer mit Menschen außerhalb von Rechtsbeziehungen zurechtkommen und bei ihnen etwas erreichen will, schafft das am besten mit Psycho-Power. Das gilt immer und ausnahmslos für alle Menschen, besonders aber für junge, die meist kein eigenes Geld verdienen und sich deshalb nicht einfach alles kaufen können, was sie wollen. Davon abgesehen: Freundschaft, Zuneigung und Liebe, also die wichtigsten Dinge im Leben, kann man sich mit noch soviel Geld nicht kaufen. Aber auch hier gilt Grundgesetz 3 der Psycho-Power: Man muß für alles, was man will, etwas tun.

2. Teil: Wie wir mit anderen besser klarkommen

Interessen und Interessengegensätze — Leben ist Kampf

Leider gibt es das Schlaraffenland, wo allen die gebratenen Tauben in den Mund fliegen, nur im Märchen. In der Wirklichkeit ist alles, was man zum Leben braucht, knapp. Jeder Mensch will leben, und zwar so gut wie möglich. In der Steinzeit konnten die Menschen noch Früchte sammeln und auf die Jagd gehen, und es gab nur Kampf zwischen Menschen, wenn eine Horde in das Revier einer anderen Horde einbrach oder einer dem anderen etwas wegnehmen wollte. Heute sind alle Sachen, die wir zum Leben unbedingt brauchen, von Menschen hergestellt. Nur die Luft zum Atmen gehört noch keinem, und deshalb gibt es sie umsonst. Es ist weiterhin eine Tatsache, daß der Besitz am Vorhandenen ungleich verteilt ist. Wer von seinen Eltern kurz nach dem Abitur eine Fabrik erbt, hat es im Leben oft sehr viel leichter als jemand, der seinen Lebensunterhalt durch Arbeit verdienen muß.

Aber auch, wenn man vom Eigentum einmal absieht, gibt es keine Gerechtigkeit, denn die Menschen sind nicht gleich. Die Wissenschaftler sind sich zwar nicht einig, ob Intelligenz zum größten Teil angeboren ist oder erst später erworben wird, aber Menschen sind unterschiedlich intelligent. Selbst wenn die auf der ganzen Welt vorhandenen Werte unter allen auf der Welt lebenden Menschen gerecht verteilt würden, hätten die Intelligenteren den weniger Intelligenten nach einem Vierteljahr den größten Teil ihres neuen »Reichtums« wieder abgenommen.

Ich finde das bestimmt nicht »gut«, aber es ist eine Tatsache, daß die Güter knapp und ungerecht verteilt sind. Wo etwas, das viele brauchen oder wollen, knapp ist, gibt es Kampf darum. Bei den menschli-

chen Grundbedürfnissen nach Nahrung, Kleidung und Wohnung ist das selbstverständlich. Jeder will überleben.
Die meisten Menschen hierzulande geben sich jedoch mit der Befriedigung ihrer Grundbedürfnisse nicht zufrieden, sondern sie wollen viel mehr als etwas zu essen, einen warmen Mantel und ein Dach über dem Kopf. Sie bekommen weder das eine noch das andere geschenkt. Sie müssen etwas dafür tun — im allgemeinen müssen sie arbeiten, um das Geld zu verdienen, mit dem sie sich kaufen können, was sie wollen. Auch bei der Arbeit gibt es gewaltige Unterschiede. Ein Chefarzt verdient im Krankenhaus in einem Jahr leicht eine Viertelmillion, ein Hochofenarbeiter verdient etwas mehr als den zehnten Teil. Klar, daß der Hochofenarbeiter auch so viel verdienen möchte: die meisten Menschen wollen im Leben so viel wie möglich, und sie wollen dafür meist so wenig wie möglich tun oder geben.
Deshalb gibt es zwischen den Menschen ständig Interessengegensätze.
Arbeitnehmer wollen so wenig wie möglich arbeiten, dafür aber so viel wie möglich verdienen.
Arbeitgeber wollen für die Beschäftigten das genaue Gegenteil.
Das Kaufhaus will seine Ware so teuer wie möglich verkaufen.
Der Kunde will so wenig wie möglich dafür bezahlen.
Autofahrer und Autohersteller wollen so viele Autobahnen und Autostraßen wie möglich.
Naturfreunde und Fußgänger wollen, daß so viel natürliche Landschaft wie möglich erhalten bleibt.
Selbstverständlich gibt es diese Interessengegensätze auch in der Familie, zwischen Freunden, in der Gruppe und sogar zwischen Menschen, die sich »lieben«. Trotz dieser Interessengegensätze sind die Menschen aufeinander angewiesen. Sie könnten schon deshalb nicht mit roher Gewalt um ihren Vorteil kämpfen, weil die meisten wissen, daß sie mit anderen auch in Zukunft noch klarkommen müssen, wenn sie etwas erreichen wollen. Deshalb versuchen die meisten, andere ohne Gewalt dazu zu bringen, zu tun, was sie wollen. Das ist möglich, weil verschiedene Menschen verschiedene Interessen haben. Nur deshalb ist ein Zusammenleben von Menschen überhaupt möglich. Wenn jeder für sich immer dasselbe wollte wie alle ande-

ren, kämen Menschen nie miteinander klar — sie könnten schlecht tauschen.
Wenn junge Menschen, weil sie meist wenig Geld haben, oft annehmen, auch für alle anderen wären Geld und materielle Werte das wichtigste oder gar einzige Interesse, stimmt das nicht. Sobald die Grundbedürfnisse nach Nahrung, Kleidung und Wohnung befriedigt sind, wollen Menschen Zuwendung, Anerkennung und Liebe. Wer das wie Charlie nicht wahrhaben will und glaubt, er kann von anderen nichts erwarten, weil er anderen keine materiellen Werte geben kann, der irrt sich. Jeder kann anderen etwas geben, auch wenn es nur ein anerkennendes Wort oder ein freundlicher Blick ist. Wer das von miesen Eltern nicht gelernt hat, der muß sich später bewußt dafür entscheiden.
Gerade weil die zentrale Grundlage dieses Buches ist, daß alle normalen Menschen bei allem, was sie tun, einen Vorteil wollen, müssen wir immer daran denken, daß alle Menschen **nicht** gleich sind, daß jeder für sich Vorteile will, aber jeder etwas anderes darunter versteht. Nur deshalb kommt man mit Freundlichkeit viel weiter: Sie bringt anderen Vorteile — und einem selbst keinen Nachteil.

GRUNDGESETZ DER PSYCHO-POWER Nr. 4
Verschiedene Menschen haben verschiedene Interessen: Sind die Grundbedürfnisse nach Nahrung, Kleidung und Wohnung erfüllt, werden seelische Bedürfnisse immer wichtiger. Alle Menschen wollen ihren Vorteil, aber es gibt nicht nur materielle Vorteile. Auch die Befriedigung seelischer Bedürfnisse bringt Menschen Vorteile.

Uff, werden manche jetzt stöhnen, Psycho-Power ist schrecklich kompliziert! — Leider kann ich nichts daran ändern, daß auch dieses

Buch den Gesetzmäßigkeiten des Lebens unterliegt. Von nichts kommt auch hier nichts. Wer die Grundlagen des Zusammenlebens nicht kennt, dem nützen die ganzen praktischen Tips nichts, die später kommen. Keiner schafft es, Menschen auf Dauer etwas vorzuspielen und sie zu täuschen! Psycho-Power will niemanden hereinlegen oder austricksen, sondern Psycho-Power setzt auf den fairen Deal, bei dem alle Beteiligten gewinnen können, weil keiner nur verliert. Weil viele Claudia für ein ordentliches, braves und angepaßtes Mädchen halten werden und Charlie für einen etwas ungeschickten und hilflosen, aber im Grunde seines Herzens ehrlichen Typ, werden wir jetzt mal genauer hinsehen und dabei darauf achten, was Menschen dabei denken, wenn sie mit anderen zusammenrasseln.

»Django« Charlie kämpft weiter — Einsam und nicht mal schneller

An einem wunderschönen Mittwoch gab der Lehrer die Englischarbeit zurück, und weil Menschen wie Charlie immer viel zu schwarz sehen, hatte er keine Fünf geschrieben, sondern eine Vier, was immerhin ein Ausreichend ist. Als Charlie sich die Arbeit genauer ansah, merkte er, daß der Lehrer ihm drei Fehler zu Unrecht angestrichen hatte. Mal wieder typisch, dachte er, alle wollen mir schaden, wo sie nur können. Er stand wütend auf und ging langsam mit seinem Heft nach vorn.
Der Englischlehrer bekam schon Bauchschmerzen, als er Charlie auf sich zukommen sah. Charlie hatte wie immer seine schwarze Lederhose an, und sein durchlöchertes T-Shirt klebte an seinem Oberkörper. Weil Charlie ein Mädchen beeindrucken wollte, das er auf dem Schulhof gesehen hatte, hatte er auch eine Art Kette um den Hals, die er sich aus Bierdosenverschlüssen gebastelt hatte. Was will dieser Punk denn schon wieder, dachte der Lehrer. Der will doch nur wieder Stunk!
Als Charlie am Lehrertisch stand, fühlte er sich unsicher und versuchte zu lächeln. Jetzt grinst er auch noch frech, dachte der Lehrer.

Charlie beugte sich über den Lehrertisch, und der Lehrer schob sofort seinen Stuhl zurück. Charlie kam ihm viel zu nahe. »Das stimmt doch wohl nicht!« sagte Charlie. »Sie haben mir drei Sätze angestrichen, die richtig sind.«
Der Lehrer warf einen flüchtigen Blick auf das Heft. »Selbstverständlich«, sagte er. Er holte den roten Füller aus der Tasche, strich seine Korrekturen durch und gab Charlie dann das Heft zurück. »Es muß trotzdem leider bei der Vier bleiben«, sagte er. »Dein sprachlicher Ausdruck ist so schwach, daß eine bessere Zensur ungerecht wäre.«
Klar, dachte Charlie, als er auf seinen Platz zurückging. Der ist und bleibt ein Scheiß-Typ. Ich werde froh sein, wenn ich nicht mehr in diesen Saftladen von Schule muß.
In der großen Pause erzählte Claudia der Elke gerade, wie sehr sich ihre Großmutter über den Kaffee zum Geburtstag gefreut hatte, als sich ein anderer Schüler plötzlich auffällig benahm: Charlie!! Er lungerte in der Nähe herum, guckte immer wieder schief zu den Mädchen herüber. Dann zündete er sich eine Zigarette an, zog dreimal dran, machte sie wieder aus und kam zu den beiden Mädchen geschlendert.
Ich muß Eindruck machen, dachte Charlie. Er richtete sich auf und versuchte, überlegen zu wirken, und diesmal gelang ihm sogar mal etwas. Er wirkte überlegen, und die Mädchen bekamen Angst vor ihm. Was will denn der Punk? Bloß gut, daß die Aufsicht in der Nähe ist. Beide Mädchen hatten sofort zu reden aufgehört, und Elke sah Charlie abwartend und feindlich an.
»Ich find' dich irgendwie klasse«, sagte Charlie unsicher zu Elke. »Gehst du heute abend mit mir in die Disco?« »Tut mir leid«, sagte Elke schnippisch. »Ich hab schon was anderes vor!« »Und morgen?« »Morgen und das nächste halbe Jahr auch«, sagte Elke. Was bildet sich dieser Typ denn ein, dachte sie. Mich hier auf dem Schulhof einfach anzuquasseln, und das auch noch, wenn ich nicht allein bin!
Die Pausenglocke läutete, und das machte Charlie den Abgang wenigstens etwas leichter. Er war trotzdem mal wieder völlig bedient. Scheiß-Weiber, dachte er. Die Elke will nur nichts von mir wissen, weil ich nun mal nicht besonders gut aussehe. In der folgende Stunde

kam der Lehrer etwas später, und Charlie dachte an seinen Vater, der wieder fürchterlich toben würde, wenn er die Englischarbeit gesehen hatte. Ich muß wirklich was für Englisch tun, dachte er, und dann hatte er eine gute Idee. Der Scholz hinter mir ist in Englisch gut, der wird mir helfen. Charlie drehte sich zu ihm um. »Eh, Scholz!« sagte er. »Kannst du mir nicht mal ein paar Stunden Englisch-Nachhilfe geben?« »Klar!« sagte Scholz. »Bei mir kostet die Stunde normalerweise zehn Mark.«

»Dafür kannst du sie dir in die Haare schmieren!« sagte Charlie. Die Menschen sind alle widerliche Egoisten, dachte er. Am besten, man hat mit keinem etwas zu tun. Selbstverständlich gab es wegen der Englischarbeit zu Hause Krach, wie Charlie erwartet hatte.

»Leider bloß 'ne Vier«, sagte Charlie kleinlaut, als sein Vater nach der Zensur fragte. »Der Scheiß-Pauker hat mir Fehler angestrichen, die ich gar nicht gemacht habe!« »Natürlich!« sagte sein Vater. »Bei dir sind immer die andern schuld. Ich möchte nur wissen, was aus dir später mal werden wird!«

»Bestimmt was Besseres als aus dir!« sagte Charlie, und weil seinem Vater darauf keine Antwort einfiel, scheuerte er Charlie eine. Ein echter deutscher Vater muß zumindest seinen Kindern gegenüber immer das letzte Wort haben. Eine Ohrfeige ist nur keins.

Die Wichtigkeit des ersten Eindrucks

Im Grunde machen Menschen wie Charlie nur einen einzigen großen Fehler, der alle anderen Fehler automatisch nach sich zieht: Sie machen sich über andere Menschen zuwenig Gedanken. Wenn sie mal an andere denken, überlegen sie, was sie von anderen bekommen können, und sie denken auch dabei eigentlich nur an sich. Wenn ich mit anderen klarkommen will, ist es nicht etwa geradeaus und ehrlich, wenn ich mich wie Charlie verhalte, sondern einfach dumm. Klug ist es, sich immer klar darüber zu sein, daß andere Menschen genauso wie wir jeden ständig abchecken, was für ein Mensch er wohl ist und ob man mit ihm zusammen etwas unternehmen könnte, was einem keine Nachteile bringt. Wer über Psycho-Power Bescheid weiß, denkt dabei automatisch sogar auch an den Vorteil des anderen. Das nützt nicht viel, wenn der andere das nicht auch deutlich erkennt. Es gibt eine Fülle von dicken Büchern, die genau beschreiben, wie man bei anderen einen »guten« Eindruck macht. Diese Bücher helfen nicht viel, weil sie im Grunde Gebrauchsanweisungen dafür sind, wie man sich am besten verstellt. Auch wer vor dem Spiegel Freundlichkeit übt und über Körpersprache Bescheid weiß, hält das nicht auf Dauer durch, wenn er seine Grundeinstellung zu anderen Menschen nicht ändert. Wenn man einsieht, daß auch andere und ihre Interessen wichtig sind, verhält man sich meist instinktiv richtig. Es geschieht oft aber nur aus Gedankenlosigkeit oder schlechter Gewohnheit, wenn man ständig solche Signale aussendet wie Charlie.

GRUNDGESETZ DER PSYCHO-POWER Nr. 5
Alle Menschen checken andere ständig ab, weil sie wissen wollen, mit wem sie es gerade zu tun haben. Keiner kann dem anderen in den Kopf gucken. Deshalb ist der äußere Eindruck wichtig.

Die Sache mit der Kleidung

Dieses Gesetz Nr. 5 wird vielen überhaupt nicht gefallen, weil sie das wahrscheinlich schon hundertmal von ihren Eltern gehört haben. Etwas ist aber nicht automatisch deshalb falsch, weil Eltern es auch sagen. Auch der Autor eines Buches hat Interessen. Er will, daß seine Leser mit einem Buch etwas anfangen können, damit sie auch sein nächstes Buch kaufen. Deshalb muß er sagen, was Sache ist: Alle Menschen beurteilen uns zuerst nach der äußeren Erscheinung und nach dem äußeren Verhalten. Das hat seinen Grund.

Alle Menschen wollen so schnell wie möglich herausfinden, ob sie von anderen etwas Angenehmes oder etwas Unangenehmes zu erwarten haben. Darauf stellen sie sich ein. Ich kenne genug Charlies und weiß, daß sie oft unsicher und hilflos sind. Ihre schwarzen Ledersachen, die zerrissenen Hemden, die Haarfarben, der Haarschnitt und die Sicherheitsnadel im Ohr sind oft so was ähnliches wie die Kriegsbemalung der Indianer. Indianer malen sich bunt an, weil sie Angst haben und den anderen auch angst machen wollen.
Viele wollen auch mit ihren Klamotten ausdrücken, daß sie sich von allen anderen lieblos behandelt fühlen und sich für eine Art Abfall halten. Manche ziehen sich auch so an wie ein Pop-Star, den sie gut finden, aber sie vergessen dabei, daß sie keine Pop-Stars sind.
Die meisten Menschen machen sich aber leider überhaupt keine Gedanken darum, aus welchen Gründen einer etwas tut. Ganz alte Menschen bekommen vor einem »Punk« tatsächlich Angst, weil sie damit rechnen, daß er sie grundlos angreift. Die meisten anderen stecken jemanden, der so aussieht, sofort in eine Schublade mit dem Etikett »Punk« und wollen mit ihm nichts zu tun haben, weil sie von ihm entweder nichts oder zumindest nichts Gutes erwarten. Das Grundgesetz der Psycho-Power Nr. 1 gilt überall! Menschen wollen Vorteile und keinen Ärger!
Genauso unklug, aber auf völlig andere Weise, ist es, wenn man sich ständig so fein und elegant herausputzt, als wäre man beim englischen Hofe zum Abendessen eingeladen. Wer ständig in den neuesten und feinsten Klamotten aus der teuersten Boutique herumläuft, will so chic wie möglich aussehen und anderen zeigen, daß er besonders fein ist. Erwachsene Menschen wie Lehrer beeindruckt so was aber meistens nicht. Wenn sie überhaupt wissen, wie teuer der edle Kaschmir-Pullover aus der Boutique ist, wissen sie auch, daß er nicht von selbstverdientem Geld gekauft wurde, sondern vom Geld der Eltern. Auch junge Menschen werden mit einem ausgesprochen eitlen Lackaffen nicht viel zu tun haben wollen. Entweder sie sind neidisch und werden aggressiv, oder sie suchen aus Berechnung die Nähe dieses Edel-Poppers in Samt und Seide und schmeicheln seiner Eitelkeit, indem sie so tun, als würden sie ihn bewundern. Sie vermuten aber nur, er hätte viel Taschengeld, und wollen davon irgendeinen Vorteil

haben. Das ist in Ordnung, wenn auch der »Popper« einen Vorteil davon hat.

Im Grunde ist die Frage, wie man sich anzieht, wenn man mit anderen klarkommen will, ganz einfach zu beantworten. Am besten kommt man mit anderen klar, wenn sie weder Angst vor einem bekommen, noch sich neben einem arm, häßlich und schäbig fühlen. Wer schlampig und völlig vernachlässigt herumläuft, der läßt erkennen, daß er sich selbst nicht mag und deshalb auch andere nicht mögen wird. Wer besonders eitel erscheint, der läßt vermuten, daß er nur sich selbst liebt und andere nicht viel von ihm erwarten können.

Am klügsten verhält man sich, wenn man auf besonders auffällige Sachen verzichtet. Zumindest im Alltag und in der Schule. Für die Disco kann man sich herausputzen, wie man will, ja man muß sich dafür sogar herausputzen, denn in der Disco steht man quasi auf der Bühne, und dafür muß man soviel Phantasie und Einfallsreichtum wie möglich entwickeln.

Ein besonderes Problem ist noch die Frage der Farbe der Kleidung. Es gibt dicke Bücher über Farbenpsychologie. Danach beruhigt Grün beispielsweise, und man müßte einen wütenden Vater durch die Wahl eines grünen Kleides beruhigen können, aber ich fürchte, das klappt leider nicht. Ich habe es mit einem grünen Oberhemd versucht, als ich mal wieder von einer Schule geflogen war, und das hat

---

GRUNDGESETZ DER PSYCHO-POWER NR. 6
Durch die Kleidung geben wir anderen ständig Auskunft darüber, wer wir sind und welche Einstellung wir gegenüber der Welt und anderen Menschen haben. Vorsicht bei Schwarz und anderen dunklen Farben. Schwarz ist die Farbe des Todes. Helle, freundliche Farben lassen die anderen Freundlichkeit von uns erwarten.

---

meinen Vater nicht im geringsten beruhigt. Nicht dringend genug kann ich allerdings vor schwarzen Klamotten warnen!
Aus irgendeinem Grund fand ich mit siebzehn Schwarz besonders schön, und ich lief ständig in schwarzen Sachen herum. Kein Wunder, daß ich es plötzlich schwer hatte, mit anderen Menschen klarzukommen: Schwarz ist nicht nur die dunkelste Farbe, sondern in unserer Kultur auch noch zusätzlich die Farbe des Todes. Wer viel Schwarz und andere dunkle Farben für seine Kleidung wählt, wirkt auf andere düster und bedrohlich — mit beidem wollen Menschen nicht viel zu tun haben.

Die Sache mit den Revieren

Jetzt nehmen wir einfach mal an, Charlie wäre so klug wie Claudia und würde in blauen Jeans und einem hellen leichten Pulli nach vorn kommen, sein Heft mit der Englischarbeit in der Hand halten und ein sehr trauriges Gesicht machen. Würde dann der Lehrer schon Wut auf ihn bekommen, bevor Charlie auch nur das erste Wort gesagt hätte? Wahrscheinlich nicht! Auch der Lehrer kommt nicht in die Schule, weil es ihm Spaß macht, Schüler unglücklich zu machen, sondern Lehrer ist sein Beruf. Er will auch mit Schülern so gut wie möglich klarkommen, und wer Psycho-Power richtig begriffen hat, weiß auch warum. Für einen Lehrer bedeutet es einen Nachteil, wenn er mit Schülern Ärger hat, und er hat einen Vorteil davon, wenn er mit den Schülern gut klarkommt, weil sie ihn mögen. Trotzdem würde sich Charlies Lehrer spätestens dann nicht wohl fühlen, wenn sich Charlie dicht vor ihm aufbaut, über den Lehrertisch beugt und ihm noch mehr auf die Pelle rückt. Claudia, die instinktiv mit Menschen richtig umgeht, weil sie weiß und fühlt, daß auch der andere Interessen hat, käme nie auf die Idee, sich so zu verhalten. Dafür hat sie viel zuviel Respekt vor anderen Menschen.
Eigentlich müßte die Sache mit den Revieren jedem klar sein. Jedes Tier verteidigt sein Revier mit Krallen und Zähnen. Jede Fußballmannschaft verteidigt ihr Revier und der Torwart seins noch beson-

GRUNDGESETZ DER PSYCHO-POWER Nr. 7
Jeder Mensch hat sein eigenes Revier, und er empfindet es als Angriff, wenn man unaufgefordert in dieses Revier eindringt. Jeder befindet sich in seinem Revier gegenüber dem Revierfremden in einer überlegenen Situation.

ders. Nicht einmal der Staat dringt einfach in die Reviere der Staatsbürger ein. Die Unverletzlichkeit des Reviers ist so wichtig, daß es sogar im Grundgesetz besonders geschützt ist. Auch ein ziemlich ungeschickter Mensch wie Charlie würde nicht einfach bei Elkes Mutter an der Wohnungstür klingeln, die Frau zur Seite schieben und Elkes Zimmer suchen, um sie zu fragen, ob sie nicht doch mit ihm in die Disco will. Die meisten Menschen wissen aber nicht, daß jeder eine Art Revier zusätzlich ständig mit sich herumschleppt. Das ist der Raum in seiner unmittelbaren Umgebung. Etwa ein Meter um ihn herum. Auch jedes Eindringen in diesen Bereich wird als Bedrohung empfunden. Deshalb fragen wir, ob der Platz noch frei ist, bevor wir uns in einem Lokal zu einem Fremden an den Tisch setzen. Wo Menschen so eng zusammengepfercht werden, daß es sich nicht vermeiden läßt, in das Revier eines anderen einzudringen, haben sie eine besondere Methode entwickelt, dem anderen zu zeigen, daß sie ihn nicht bedrohen: Im Kino, in einem Aufzug oder in der überfüllten Straßenbahn guckt keiner den anderen an, sondern jeder tut so, als ob der andere überhaupt nicht vorhanden wäre.

Wer mit Psycho-Power arbeitet, beachtet sehr genau die Reviergrenzen anderer. Er weiß: Wenn Menschen sich bedroht fühlen, schaltet alles in ihnen auf Abwehr. Von jemandem, der völlig zu ist, kriegt man nichts, und er will auch nicht etwas mit einem zusammen unternehmen. Er will nur, daß der andere, der sein Revier verletzt, so schnell wie möglich verschwindet. Logisch: Wenn man irgendwo an eine Tür klopft, signalisiert man dem anderen im Zimmer: »Ich möchte etwas von dir, aber ich komme nicht als Feind! Darf ich dein Revier betreten?« Wenn man danach noch dem anderen nicht dicht auf die Pelle rückt, sondern mindestens einen Meter weit von ihm entfernt bleibt, wenn man zu reden beginnt, wird er näher kommen, und das ist viel besser. Er weiß dann, daß man sein Revier und ihn respektiert, und er ist völlig offen. Leider werden Reviergrenzen oft verletzt. Wenn ein Staat die Grenzen eines anderen Staates verletzt, bedeutet das Krieg. Menschen schalten genauso auf Verteidigung, wenn man ihr Revier nicht respektiert.

Für junge Menschen ist es besonders schwer, ihr Revier zu verteidigen. Kluge und vernünftige Eltern, die über die Gesetze des menschlichen Zusammenlebens Bescheid wissen, werden die Reviere ihrer Kinder respektieren und sie in ihrem Zimmer machen lassen, was sie wollen, sofern es keinem schadet. Solche Eltern fassen ihr Kind nicht mal an, ohne es vorher zu fragen.

Leider sind nicht alle Eltern so klug, und manche Lehrer schon gar nicht. Wenn ein Lehrer während einer Klausur in der Jackentasche seines Schülers den Spickzettel sucht, verletzt er selbstverständlich das Revier des Schülers. Ein Abteilungsleiter, der ohne anzuklopfen einfach in das Büro eines seiner Angestellten geht, sich mit beiden Händen in den Hosentaschen vor seinem Tisch aufbaut, über ihn beugt und dann zu reden anfängt, kümmert sich nicht um die Reviere anderer und kümmert sich auch nicht um ihre Interessen. Er übt Herrschaft aus. Sogar die Herrschaft von Menschen über Menschen unterliegt den Gesetzen der Psycho-Power! Wo sie funktioniert, hat auch der Beherrschte einen Vorteil davon, und sie ist eine Art Tauschbeziehung. Wer auf Teile seiner Freiheit freiwillig verzichtet, will oft Schutz und Sicherheit dafür.

Wenn junge Menschen auch als Volljährige noch im Elternhaus bleiben und die (hoffentlich halbwegs vernünftige) Herrschaft ihrer Eltern ertragen, wollen sie den Vorteil kostenloser Wohnung, Verpflegung und Kleidung. Auch hier gilt, daß von nichts im Leben nichts kommt und man alles, was man will, irgendwie bezahlen muß. Es sei denn, jemand mag oder liebt uns und schenkt uns was. Wenn wir einsehen, daß es im Leben meistens nichts umsonst gibt, haben wir die Hälfte der Psycho-Power voll begriffen! Wir wissen dann, daß wir mit anderen nur klarkommen, wenn wir bei allem, was wir tun oder wollen, auch ihre Interessen und ihren Vorteil berücksichtigen. Leider sind nicht alle Menschen so klug, das einzusehen. Sie wollen (etwa wie Charlie) nur immer ihre Vorteile und kümmern sich nicht im geringsten um die Interessen und Vorteile der anderen. Auch diese Form von Unklugheit ist weit verbreitet: Eltern wollen von ihren Kindern geliebt werden, und sie geben ihren Kindern nicht mehr, als sie vom Gesetz her müssen.

Lehrer wollen von ihren Schülern geachtet werden und ihr Vorbild sein, und sie tun nichts, was Achtung verdient und vorbildlich ist.

Arbeitgeber wollen, daß Arbeitnehmer mit Freude und Begeisterung gute Arbeit leisten, und sie erkennen diese Leistung nicht an, sondern behandeln ihr Personal oft wie den letzten Dreck.

Kinder wollen von ihren Eltern alles mögliche, und sie zeigen ihren Eltern selten Dankbarkeit und Anerkennung, ganz zu schweigen von Liebe.

Schüler wollen gute Zensuren, und sie wollen für die Schule nichts tun. Arbeitnehmer wollen Spitzengehälter, aber am liebsten überhaupt nicht arbeiten.

Immer dort, wo Menschen so was versuchen, gibt es Konflikte, denn das Grundgesetz Nr. 3 der Psycho-Power spricht dagegen. Trotzdem ist unsere Welt nicht eine Welt, in der jeder im gleichen Maße gibt und nimmt, sondern die meisten Menschen wollen möglichst viel nehmen und möglichst wenig geben. Selbstverständlich finde ich das nicht »gut«, aber ich finde das auch nicht besonders »böse«.

Die Welt ist, wie sie ist. Die Menschen sind, wie sie sind. Wer im Leben und mit anderen Menschen klarkommen will, muß mit der Welt und den Menschen so klarkommen, wie sie sind. Für keinen wird eine extra Welt gebacken, in der jeden Tag Geburtstag mit Himbeertorte und Schlagsahne gefeiert wird. Trotzdem macht jeder sich seine Welt zum großen Teil selbst. Wer wie Claudia mit Psycho-Power arbeitet und auch immer an die Vorteile der anderen denkt, hat es leichter, als wenn er wie Charlie von anderen alles erwartet und nichts gibt. Ohne Konflikte lebt man aber auch mit Psycho-Power nicht. Man wird allerdings viel besser damit fertig. Psycho-Power geht immer davon aus, was Sache ist:

GRUNDGESETZ DER PSYCHO-POWER Nr. 8
Nur dumme Menschen wollen im Leben etwas, ohne was dafür zu tun. Die meisten wollen so viel wie möglich für so wenig wie möglich. Deshalb bemühen sie sich darum, andere zu manipulieren, sich selber aber nicht manipulieren zu lassen. Manipulation heißt immer: Beeinflussung von Menschen.

Auch Claudia muß kämpfen — Sie macht das anders

Erinnern wir uns noch an den Geburtstag von Claudias Großmutter? An den Kaffee und die Rosen? — Selbstverständlich hatte Oma sich darüber gefreut. Sie hatte Claudia sogar heimlich zwanzig Mark geschenkt, denn eine richtige Großmutter weiß, daß junge Menschen immer Geld brauchen. (Wenn einer Großeltern hat, die das nicht wissen, behandelt er sie nicht mit Psycho-Power.) Erfreulicherweise hatte sie Claudia das Geld zugesteckt, als Mutter gerade in der Küche war, und sie hatte lächelnd ihren Zeigefinger auf die eigenen Lippen gelegt. Ganz klar: das sollte ein Geheimnis zwischen den beiden bleiben.
Claudia dachte auch nicht im Traum daran, ihrer Mutter etwas von dem Geld zu erzählen. Erstens hätte sie keinen Vorteil davon gehabt, und zweitens dürfen Eltern grundsätzlich zwar alles essen, aber noch lange nicht alles wissen. Von den achtzig Mark Taschengeld hatte sie die vierzig Mark Vorschuß zurückgezahlt, und genau das war das Problem. Claudia besaß noch genau fünfundfünfzig Mark, und der Walkman, den sie wollte, kostete einhundertfünfzig Mark. Natürlich wollte sie auf dem Walkman in den Schulpausen und in der Straßenbahn »Frankie Goes To Hollywood« hören. Charlie wäre jetzt zu sei-

nem Vater gegangen, hätte »Eh, Alter, ich brauch einen Riesen!« gesagt und ihn selbstverständlich nicht bekommen. Claudia dachte zwei Tage lang nach, welchen Vorteil ihre Eltern davon haben würden, wenn sie einen Walkman hätte. Eindeutig keinen, werden manche jetzt denken, aber die kennen Claudia immer noch nicht. Zuerst ging Claudia zu ihrem Englischlehrer: »Wir haben doch im Sprachlabor so gute Englisch-Kassetten! — Können Sie mir bis morgen mal eine leihen? Ich möchte sie gern überspielen.«
»Selbstverständlich«, sagte der Englischlehrer, der sich schon zum zweitenmal in einer Woche über diese interessierte Schülerin freute und dadurch auf sie aufmerksam wurde. »Bei dir kann ich mich ja darauf verlassen, daß ich sie morgen unbeschädigt zurückbekomme.«
Nach der großen Pause gab es eine Mathe-Arbeit zurück, und Claudia hatte die Arbeit völlig verpatzt. In der nächsten Pause sprach Dieter aus der Jahrgangsstufe 12 sie in der Pausenhalle an. Dieter machte das viel geschickter als Charlie bei Elke, aber Dieter war auch schon zweimal sitzengeblieben, und er hatte schon den Führerschein und ein Auto. Dieter beobachtete Claudia unauffällig, bis Elke mal zur Toilette mußte, und kam freundlich lächelnd zu ihr. Als er einen Meter vor ihr stehenblieb und leise sprach, fühlte Claudia sich nicht angegriffen und ging einen Schritt auf ihn zu. »Mein Bruder und ich«, sagte er, »wir wollten morgen abend in die Philips-Halle. Jetzt ist mein Bruder plötzlich krank geworden, und da dachte ich ... du magst doch ›Frankie Goes To Hollywood‹? Ich glaube, die treten auch auf.«
Klar, daß Claudias Herz schneller schlug. Wunderbar, dachte sie, aber dann überlegte sie blitzschnell. Die Eintrittskarte hatte mindestens fünfundzwanzig Mark gekostet, und wenn wirklich so gute Gruppen auftraten, konnte Dieter sie mühelos vor der Halle verkaufen. Man bekommt im Leben nichts geschenkt, dachte sie, also will auch Dieter was von mir. So gern sie in das Konzert gegangen wäre, sie wollte weder den Preis bezahlen, den Dieter verlangen würde, weil jeder meist seinen Vorteil will, noch wollte sie den Ärger, den es nach dem Pop-Konzert in Dieters Wagen geben würde, wenn sie nein sagte.
»Du, es tut mir schrecklich leid«, sagte Claudia. »Morgen hat mein

Vater Geburtstag, und ich kann nicht weg! — Ich glaub auch nicht, daß meine Eltern das erlauben würden.«
»Ja, dann . . .«, sagte Dieter. »Dann geht's wohl leider nicht!«
»Scheint so, was?« sagte Claudia lächelnd.
Wenn das bloß nicht ausgerechnet Dieter gewesen wäre, dachte sie. Als ob ich mich von dem manipulieren ließe! Aber zu »Frankie« wollte sie trotzdem, und zwar mit Elke, die von Pop nicht viel hielt und mehr auf Klassik stand. »Ich hab grade gehört, daß morgen ein prima Konzert stattfindet. Hast du nicht Lust, mitzukommen?« sagte sie zu Elke, als die zurückkam.
»Ich weiß nicht«, sagte Elke. »Ich steh nicht besonders auf Pop.«
»Das ist nicht der übliche Pop«, sagte Claudia. »Das sind ganz moderne Gruppen! Ich hab gelesen, daß der Lead-Sänger von ›Frankie‹ ein ausgesprochener Mozart-Fan ist!«
»Wirklich?« sagte Elke. »Der sieht mir gar nicht danach aus! — Also, wenn es wirklich nicht der übliche Mist ist . . .«
»Auf keinen Fall«, protestierte Claudia. »Frankie ist kein Mist!«
In der letzten Stunde erwischte es Claudia dann voll. Sie hatten Biologie gehabt, und als sie zusammen mit Elke aus der Klasse wollte, hielt der Biolehrer sie auf.
»Ihr seid doch beide tierlieb. Habt ihr noch eine Stunde Zeit?« Elke schaltete sofort, aber Claudia paßte nicht auf, weil sie sich schon auf das Konzert freute. »Na klar!« sagte sie.
»Dann komm bitte mal mit. Wir haben doch in der Pausenhalle das große Aquarium. Das müßte mal wieder mit dem Schlammheber saubergemacht werden!« »Meine Mutter wartet leider mit dem Essen auf mich«, sagte Elke. »Wenn ich nicht pünktlich bin, krieg ich den größten Stunk!«
Der hat mich ganz klar manipuliert, dachte Claudia, als sie den Dreck aus dem Aquarium holte. Wenn er gleich gesagt hätte, was er will, wär mir auch eine Ausrede eingefallen. Sie wollte die Zeit aber wenigstens nutzen und machte sich schon ihren Plan, wie sie am einfachsten zu ihrem Walkman kommen würde. Mutter hatte von Technik nicht viel Ahnung. Also war Vater der bessere Ansprechpartner.
»Ich hab eine großartige Sache entdeckt!« sagte sie zu ihm, als er nach dem Abendessen zufrieden sein Bier trank. »Na was denn?«

fragte er ruhig. Elke hielt ihm die Kassette aus dem Sprachlabor unter die Nase. »Ich steh doch nicht besonders gut in Englisch. Und da dachte ich ... unser Englischlehrer hat mir mal eine Lehrkassette geliehen. Ich kann jederzeit welche leihen, aber ich bräuchte natürlich ein Abspielgerät dafür!«
Claudias Vater betrachtete interessiert die Kassette. Dann fragte er, ob die anderen so was hätten. »Alle nicht«, sagte Claudia. »Aber die Elke schleppt dauernd so ein Ding mit sich rum. Die hat jetzt in Englisch sogar eine Zwei!«
Muß ich diese Geschichte wirklich zu Ende erzählen? — Natürlich bekam Claudia das Geld für den Walkman, und als Mutter ihm nachher Vorwürfe machen wollte, sagte Claudias Vater, warum er ihr das Geld gegeben hatte: »Für die Schule! Sie hat mir die Lehrkassetten doch gezeigt, die sie damit hören will. Wenn sogar der Englischlehrer meint, daß das was nützt ...« Die schlechte Mathearbeit, die zeigte Claudia ihren Eltern erst am übernächsten Tag. »Frankie Goes To Hollywood« hat übrigens bei dem Pop-Konzert nicht gespielt. Selbstverständlich machte der Veranstalter allen Konzertbesuchern das Angebot, die Eintrittskarten zurückzunehmen, aber als das durch den Lautsprecher angesagt wurde, saßen Claudia und Elke schon in der Halle und freuten sich auf die Musik.

Wie man Menschen beeinflußt

Selbstverständlich: Wer mit Psycho-Power arbeitet, beeinflußt ständig andere Menschen. Er will Vorteile im Leben, und er will Nachteile für sich, wo immer möglich, vermeiden. Schließlich ist Psycho-Power ein Weg zum Erfolg und nicht die Methode, immer nachzugeben, damit die anderen Vorteile haben und man selber die Nachteile hat. Dafür bräuchte man keine Psycho-Power, denn dafür ist Dummheit völlig ausreichend. (Wichtig: Vorteile sind niemals nur Geld! Gute Beziehungen sind auch ein Vorteil!)
Psycho-Power versucht andere zu beeinflussen, damit sie tun, was man will, und unterlassen, was man nicht will. Aber sie berücksich-

tigt dabei, daß alles im Leben, auch Manipulation, seinen Preis hat. Alle guten Beziehungen sind Tauschbeziehungen. Wer andere mit Tricks so reinzulegen versucht, daß er **immer** nur Vorteile hat, die anderen aber **immer** nur Nachteile, dem wird das bei dummen Menschen oft gelingen, bei klügeren schon seltener.
Irgendwann merkt es selbst der Allerdümmste, wenn er von einem anderen immer mit Tricks reingelegt wird und nie einen Vorteil hat. Es ist so ähnlich wie beim Kartenspiel: Wenn man gegen jemanden immer verliert, hat man irgendwann keine Lust mehr, mit ihm zu spielen.
Ganz klar: Claudia manipuliert andere, aber sie will nicht **immer** nur ihren Vorteil, sondern sie denkt auch an die Vorteile der anderen. Vor allem: Claudia nimmt nicht nur, sondern sie gibt auch. Wenn man das immer im Kopf hat, kann man mit den Manipulationsmethoden manchmal etwas erreichen. Wenn man andere damit immer nur zu ihrem Nachteil reinlegt, gehen sie wie eine schlechte Pistole nach hinten los. Psycho-Power ist nicht die Kunst, andere zu übervorteilen, zu betrügen und reinzulegen, sondern ein sehr guter Weg, mit anderen klarzukommen. Natürlich müssen wir die Methoden der Menschen-Beeinflussung kennen.

Die wirksamsten Methoden der Manipulation

1. Zwang und Strafe
sind die stärksten Methoden der Manipulation. Auch wenn junge Menschen meist keinen dazu zwingen können, etwas zu tun, was er nicht will, haben sie eine Möglichkeit, andere zu strafen: Liebesentzug! — Alle anderen Strafen setzen voraus, daß der Strafende dem Bestraften überlegen ist, und das sind junge Menschen gewöhnlich nicht. Im Gegenteil, sie sind meist in der schwächeren Position, weil die Eltern und Lehrer mehr Macht haben.
Liebesentzug funktioniert nur dort, wo eine liebevolle Beziehung herrscht. Charlie könnte nie seinen Vater durch Liebesentzug strafen — wo nichts ist, kann man nichts entziehen.

2. Schmeichelei

Jeder Mensch hat es gern, wenn er von anderen gelobt und bewundert wird. Wenn Claudia den guten Kaffee von Elkes Vater lobt und wenn sie die schönen Rosen der Marktfrau bewundert, ist das Schmeichelei. Manche meinen, man könnte Schmeichelei nicht dick genug bringen. Wer mit Psycho-Power arbeitet, ist anderer Ansicht. Claudia schmeichelt nicht plump, sondern sie sucht etwas, das sie ehrlich bewundern kann.

3. Der Appell an die Güte

funktioniert besonders gut, wenn er die Eitelkeit des anderen einkalkuliert. Oft sehr wirksam gegenüber Lehrern und anderen Autoritäts-Figuren. (Praxis siehe 3. Teil im Kapitel »Psycho-Power in der Schule«)

4. Angst

funktioniert wie Zwang und Strafe nur, wenn der Manipulierende mehr Macht hat als der andere. Wer stärker ist als andere, kann sie bedrohen. Das ist genau genommen Gewalt, und Psycho-Power hat mit Gewalt nichts zu tun. Trotzdem muß man oft mit der eigenen Angst fertig werden. (Wie man das macht, steht im 4. Teil im Kapitel »Psycho-Killer Angst«)

4. Schönfärberei

ist die Lieblingsmethode der Politiker, und auch Claudia arbeitet gelegentlich damit. Schönfärberei verschweigt immer einen Teil der Wahrheit. Wenn Claudia z. B. über einen Pop-Sänger nur berichtet, daß er Klassik mag, ist das extreme Schönfärberei. (Genau ist das im Kapitel »Psycho-Power in der Familie« beschrieben)

6. Vortäuschung unwahrer Motive

Claudias Lieblingsmethode. Ein Musterbeispiel ist die Art und Weise, wie sie zu ihrem Walkman kommt. Sie stellt die Möglichkeit, mit einem Kassettenrecorder auch Sprachkurse zu hören, als Grund für ihren Wunsch dar und redet mit keinem Wort über Pop-Musik. Ob Claudias Vater das wirklich glaubt? Klug, wie Claudia ist, wird sie zumindest in den ersten vier Wochen hin und wieder tatsächlich eine Sprachkassette in das Gerät einlegen, und zwar so, daß die Eltern es nicht übersehen können.

7. Die Gerechtigkeitsfalle

Psycho-Power geht davon aus, daß es Gerechtigkeit in der Welt nicht gibt. Wenige verdienen ohne eigene Arbeit sehr viel Geld, und andere verdienen mit sehr viel Arbeit sehr wenig Geld. Manche tun wenig für die Schule und schreiben eine Zwei nach der anderen, andere lernen ständig und erreichen damit kaum eine Drei. Menschen sind nicht gleich, sondern sie sind ungleich. Es gibt Intelligente und weniger Intelligente, Gesunde und Kranke, Reiche und Arme. Psycho-Power geht ganz einfach darum, daß jeder seinen Vorteil will und Nachteile vermeidet. Trotzdem wird ständig so getan, als ob es Gerechtigkeit gäbe. Menschen wollen damit die Herrschaft über andere aufrechterhalten. Wer Macht hat, muß so tun, als ob er gerecht wäre, damit andere seine Herrschaft akzeptieren.

Das gilt auch für Eltern und Lehrer, die Herrschaft über junge Menschen ausüben. Hier kann man oft die Gerechtigkeitsfalle bauen. Wenn Claudias Vater Schwierigkeiten mit dem Walkman gemacht hätte, hätte Claudia sofort zur Gerechtigkeitsfalle gegriffen.

»Das ist ungerecht!« hätte sie gesagt. »Elke hat einen Walkman und kann damit viel besser Englisch lernen.«

Auch Lehrern kann man damit kommen. »Das ist ungerecht!« hätte Claudia dem Biolehrer sagen können. »Ich hab vorige Woche schon den Chemie-Saal aufgeräumt.«

Ungerecht will keiner sein. Deshalb kann man oft damit erfolgreich manipulieren, daß man einfach sagt, etwas wäre ungerecht.

8. Schuldgefühle verursachen

ist eine der wirksamsten Methoden der Manipultion. Wenn Kirchen uns erklären, daß wir alle Sünder sind, sollen wir uns schuldig fühlen, damit wir tun, was die Kirche für richtig hält.

Wenn sich im Fernsehen eine Hausfrau total bescheuert verhält, weil ihre Wäsche nicht strahlend weiß ist, sollen sich auch andere schuldig

fühlen und ein bestimmtes Waschmittel kaufen, um sich von der Schuld zu befreien.
Schuldgefühle entstehen durch das Gewissen. Jeder lernt von Kindheit an, was er für »gut« und was er für »böse« halten soll. Er soll gut sein und nicht böse. Das sitzt in den meisten Menschen sehr fest. Man kann damit manipulieren. Claudia macht das zum Beispiel, wenn sie beim Frühstück ein unendlich trauriges Gesicht macht, weil sie einen Taschengeld-Vorschuß will. Sie tut so, als ob sie leiden würde, und weil Claudia ein freundlicher Mensch ist, will ihre Mutter nicht, daß Claudia leidet. Kluge Menschen wollen meist zufriedene und möglichst glückliche Menschen um sich sehen, und sie bekommen ein schlechtes Gewissen, wenn andere leiden. Dummen Menschen ist so was aber egal, weil sie nur an sich denken.

9. Die Erinnerung an Vergangenes
arbeitet damit, daß alle guten Beziehungen Tauschbeziehungen sind. Wenn ich für andere in der Vergangenheit etwas zu ihrem Vorteil getan habe, kann ich sie daran erinnern und von ihnen erwarten, daß sie jetzt auch etwas zu meinem Vorteil tun. Wenn Elke von Claudia etwas will, was für Claudia nicht von Vorteil ist, kann Elke daran erinnern, daß sie Claudia auch den Kaffee besorgt hat. Bei Menschen, die auch in Zukunft mit einem in guten Beziehungen leben wollen, klappt das meistens.

10. Das Versprechen für die Zukunft
arbeitet mit Vorteilen, die ein anderer in der Zukunft von uns bekommen wird, wenn er jetzt Nachteile hinnimmt. Auch diese Methode ist sehr wirksam — auf Dauer aber nur, wenn man seine Versprechen auch hält. Wer anderen etwas verspricht, weil er einen Vorteil von ihnen will, sein Versprechen aber nicht hält, betrügt die anderen. Betrug ist keine Psycho-Power, sondern Dummheit! — Durch diese Methode erreicht man oft nur ein einziges Mal vom anderen einen Vorteil, aber wenn er nicht noch dümmer ist, wird er nie wieder mit einem etwas zu tun haben wollen.

Sämtliche Methoden der Manipulation haben etwas gemeinsam:

GRUNDGESETZ DER PSYCHO-POWER Nr. 9
Auch Manipulation geht davon aus, daß Menschen Vorteile erreichen und Nachteile vermeiden wollen. Wenn jemand tun soll, was man will, muß man ihm die Folgen seines Tuns als für ihn so vorteilhaft wie möglich erscheinen lassen. Wenn der andere merkt, daß er überhaupt keinen Vorteil bekommen hat, fühlt er sich betrogen. Psycho-Power manipuliert, wo immer nötig und möglich. Sie betrügt aber nie, weil sie auch in Zukunft für alle vorteilhafte Beziehungen will.

11. Autorität und Gesetz
Wenn man Menschen manipulieren muß, die Gesetze respektieren und/oder Autoritäten ernst nehmen, kann man damit hervorragend arbeiten. Man behauptet, was der andere tun will, sei verboten, und was er nicht tun will, müsse er tun, weil entweder ein Gesetz oder eine Autorität, die er ernst nimmt (der Papst, der Pfarrer, ein Arzt oder so) das verlangten. So was wird einem oft geglaubt. (Psycho-Power greift zu diesem Mittel nur, wenn es wirklich nicht anders geht. Gegen manche autoritäre Figur hilft nur diese Methode.)

12. Die ganz gewöhnliche Lüge
ist kein Manipulationsmittel im Rahmen der Psycho-Power, die davon ausgeht, daß »gute« Beziehungen zwischen Menschen das Ideal sind. Gegenüber Personen, die Vorteile für sich durch Zwang und Strafe erreichen wollen, ist die Lüge selbstverständlich ein Mittel der Notwehr. Wo mit Zwang Herrschaft zu unserem Nachteil ausgeübt

wird, sind harmonische Beziehungen unmöglich. Psycho-Power kämpft hier mit sämtlichen Mitteln. Psycho-Power checkt hier einfach ab: Welche Vorteile habe ich durch diese Lüge gegenüber dem Herrschenden? Kann die Lüge aufkippen? Welche Nachteile habe ich in diesem Fall?

13. Die Zeitfalle

Man kann Menschen am leichtesten beeinflussen, wenn sie gerade »gut drauf« sind. Man kann auch oft einen Nachteil für sich vermeiden, wenn man sagt, man müsse sich etwas noch länger überlegen, man brauche einfach noch Zeit. Wer andere überrumpeln will, wird immer bemüht sein, die Entscheidung des anderen so schnell wie möglich zu bekommen. Auch wenn man etwas oft wiederholt, einen Wunsch immer wieder äußert, hilft das oft. Andere geben manchmal schließlich nach, nur weil sie ein Thema einfach leid sind.

Warum Manipulation in Ordnung ist und weshalb wir trotzdem ständig aufpassen müssen

Wenn sich alle Menschen nach den Gesetzen der Psycho-Power verhielten, wäre das Leben sehr viel einfacher. Alle würden ständig mit anderen tauschen und mit ihnen zusammen daran arbeiten, daß jeder Vorteile hat und keiner einen Nachteil. Solche Möglichkeiten gibt es auch. Wenn fünf Fischer zusammen aufs Meer hinaus fahren und mit einem großen Netz viele Fische fangen und sie gerecht teilen, hat jeder einen Vorteil und keiner einen Nachteil. Jeder hat mehr Fische, als er gefangen hätte, wenn er allein eine Woche lang geangelt hätte. Leider wollen viele Menschen so viel wie möglich und haben nicht das geringste Interesse am Vorteil des anderen. Wäre es anders, gäbe es keinen Streit, keine Kriege, und die Welt wäre ein Paradies. Wir wissen, daß das nicht so ist. Jeder will seinen Vorteil, und wir wollen unseren Vorteil auch. Wir wollen nicht schlecht leben, sondern so gut wie möglich, und das ist unser natürliches Recht.

Das Leben ist Kampf, auch wir müssen kämpfen. Weil wir langfristig mit anderen klarkommen wollen, denken wir **auch** an die Interessen des anderen, aber wir denken nicht **nur** daran. Psycho-Power will den fairen Deal, der beiden Seiten Vorteile bringt. Deshalb manipulieren wir selbstverständlich, so gut wir nur können, aber wir achten darauf, daß auch der andere seinen Vorteil hat. Es ist aber nicht so, daß alle Menschen so denken. Vielen liegt an guten Beziehungen mit anderen überhaupt nichts. Sie sind immer und grundsätzlich nur am eigenen Vorteil interessiert und gehen dafür tatsächlich über Leichen.

Es macht manchen Versicherungsvertretern zum Beispiel überhaupt nichts aus, wenn sie eine alte Rentnerin so manipulieren, daß sie es für einen Vorteil hält, wenn sie eine Lebensversicherung abschließt, die sie nie bezahlen kann, wenn sie auch noch was essen will.

Es macht manchen Gurus überhaupt nichts aus, wenn sie junge Menschen so manipulieren, daß sie Elternhaus und Schule verlassen und in einen Ashram ziehen, wo sie schlafen dürfen, wenn sie für den Guru nicht gerade betteln müssen. Selbstverständlich glauben auch solche jungen Leute, sie hätten davon einen Vorteil. Der Guru sagt ihnen, was sie tun oder lassen sollen, und er gibt ihnen auch noch das Gefühl, zu einer besonderen Gemeinschaft zu gehören. Ich bin dagegen, daß man Versicherungsvertreter und Gurus einfach einsperrt, denn Menschen müssen das Recht haben, zu tun und zu lassen, was sie wollen, sofern sie dabei nicht die Rechte anderer verletzen oder Gewalt ausüben.

Ich halte die Rentnerin und die Sektenjünger zwar für unklug, aber darauf kommt es überhaupt nicht an.

Freiheit bedeutet, daß jeder entscheiden kann, welche Vorteile er will und welchen Preis er dafür bezahlt. Manipulation ist nur deshalb möglich, weil die meisten Sachen im Leben kein Preisschild haben. Wieviel Claudias Mutter eine freundliche Tochter wert ist und was sie dafür tun will, muß sie selbst wissen. (Wahrscheinlich tut sie für Claudia, was sie kann.)

Alle Manipulation geschieht nach dem Prinzip, daß man andere dazu bringt, etwas für vorteilhaft zu halten und die damit verbundenen Nachteile für sie zu übersehen oder für gering einschätzen.

Wer langfristig mit anderen klarkommen will, ist sehr vorsichtig, wenn er manipuliert. Viele andere wollen aber **nur** ihren eigenen Vorteil. Deshalb muß man ständig aufpassen, daß man nicht nur zu seinem eigenen Nachteil manipuliert wird.

Die wirksamste Methode, Manipulation zu durchschauen

Wenn man das Grundprinzip der Manipulation und ihre wichtigsten Methoden kennt, ist es einfach, Manipulationsversuche anderer zu durchschauen. Die Grundgesetze der Psycho-Power helfen einem hervorragend dabei. Ich arbeite mit einer ganz kurzen Check-Liste, nach der ich entscheide, ob ich etwas tue oder nicht:

1. Kann mich der andere dazu zwingen, etwas zu tun, was er will? Welchen Vorteil habe ich davon, wenn ich mich ihm füge und welchen Nachteil, wenn nicht?
2. Meint der Schmeichler wirklich, was er mir alles an Liebenswürdigkeiten sagt, oder will er von mir nur irgendeinen Vorteil zu meinem Nachteil? Wenn ja: bin ich dazu bereit, diesen Preis für seine Schmeichelei zu bezahlen? (Preise sind in diesem Buch nie nur Geld — man bezahlt viel häufiger mit anderen Verlusten.)
3. Will jemand mein Bedürfnis, ein »guter Mensch« zu sein, zu seinem Vorteil und meinem Nachteil ausnützen?
4. Will jemand mir Angst machen, damit er von mir bekommt oder ich tue, was er will? (Siehe 4. Teil: Psycho-Killer Angst)
5. Ist etwas wirklich so gut für mich, wie der andere es schildert? Wo liegen seine Interessen, und welchen Vorteil will er für sich erreichen?
6. Welche Gründe hat der andere tatsächlich dafür, etwas von mir zu wollen? Wo liegt sein Vorteil? Welchen Nachteil habe ich?
7. Bin ich drauf und dran, in die Gerechtigkeitsfalle zu geraten?
8. Habe ich dem anderen gegenüber Schuldgefühle? Haben sie eine Ursache, weil ich den anderen mal geschädigt habe? Wenn ja: kann und will ich deswegen jetzt zu meinem Nachteil handeln?
9. Hat der andere tatsächlich in der Vergangenheit etwas getan, von dem ich mehr Vorteile hatte als er? Will ich für diesen Vorteil in der

Vergangenheit jetzt den Nachteil hinnehmen, den der andere von mir erwartet?

10. Kann und will ein anderer, der von mir etwas will und mir dafür in der Zukunft etwas verspricht, sein Versprechen überhaupt halten? Ist er ein Mensch, der seine Versprechen gewöhnlich hält?

11. Gibt es das Gesetz oder die Vorschrift, auf die sich ein anderer beruft, tatsächlich? Nehme ich eine Autorität, auf die sich jemand beruft, selber ernst? Stimmt das, was er sagt? Wer mit Psycho-Power arbeitet, hält die Gesetze ein, aber er nimmt Autoritäten meist nicht ernst. Sein eigenes Gewissen ist für ihn entscheidend, sonst nichts. (Näheres siehe 4. Teil: Wie man mit sich selber klarkommt.)

12. Belügt mich jemand schlicht und einfach? Psycho-Power handelt immer nach dem Grundsatz »Vertrauen ist gut, aber nachprüfen ist besser« und vertraut erst, wenn sie den anderen wirklich gut kennt.

13. Arbeitet jemand mit der Zeitfalle? Will er mich in einem Augenblick erwischen, wo ich gerade »gut drauf« bin? Ist die Sache wirklich so eilig, wie der andere behauptet? Kann ich einen Manipulationsversuch abwehren, indem ich sage, ich hätte leider im Augenblick keine Zeit? Kann ich einen Vorteil gewinnen, wenn ich sage, ich müsse mir das noch länger überlegen?

Auch sämtliche Methoden der Manipulationsabwehr basieren auf den Grundgesetzen der Psycho-Power: Alles im Leben hat seinen Preis! Jeder will seinen Vorteil, und er will Nachteile vermeiden. Keiner tut etwas zu meinem Vorteil, wenn er einen Nachteil für sich darin sieht.

Wenn man daran denkt, ist die Abwehr von Nachteilen durch Manipulation ganz einfach. Im Grunde braucht man nur zu überlegen, welche Vorteile ein anderer für sich erzielen will und welche Nachteile sie für einen selber bedeuten. Wenn man nur Nachteile hat, ist die Sache klar, und man kann überlegen, ob man dem anderen etwas schenken will. Im allgemeinen sollte man aber nur etwas tun, wenn man auch Vorteile davon hat: Alle »guten« Beziehungen sind Tauschbeziehungen, und wo nicht getauscht wird, wird gewöhnlich ausgebeutet!

Jemandem was schenken, das ist etwas anderes. Das kann man immer.

Claudia und Elke im Tanzkurs — Hilfe, fremde Menschen und ein alter Bekannter

Im Leben hängt alles irgendwie zusammen. Wie sie es geplant hatten, waren Claudia und Elke zur Volkshochschule gegangen, um sich zum Englischkurs anzumelden, und da hatte es erst einmal Schwierigkeiten gegeben. Die Frau an der Kasse hatte den Kopf geschüttelt: »Ausgeschlossen! Der Kurs läuft schon seit einem Monat, und er ist voll.« Elke hatte sich damit zufriedengeben wollen, aber Claudia setzte mal wieder ihre Psycho-Power ein. Die Frau hat doch keinen Nachteil davon, wenn sie uns trotzdem in den Kurs läßt, dachte sie und war so freundlich wie immer. »Wir haben beide bei Herrn Lehmann Englisch in der Schule«, sagte sie. »Ich sehe ja ein, daß ein Kurs irgendwann voll ist, aber können Sie nicht eine Ausnahme machen? Sie sind doch dafür verantwortlich!«

Die Kassiererin schüttelte den Kopf, aber diese Schmeichelei wirkte. Klar, sie war für etwas verantwortlich. Das sahen die anderen nur viel zu selten ein. »Naja«, sagte sie dann zögernd. »Wenn ich euch damit einen Gefallen tun kann . . .« »Vielen Dank!« sagte Claudia. »Das find ich prima von Ihnen!« Als sie die Teilnehmerkarten verkaufte, wollten die Mädchen den vollen Preis bezahlen, aber die Psycho-Power wirkte noch immer. »Ihr seid doch noch auf der Schule — Habt ihr euren Schülerausweis dabei? Dann braucht ihr nur den halben Preis zu bezahlen.« Ob sie das auch gesagt hätte, wenn Charlie in voller Ausrüstung vor ihr gestanden hätte?

Claudia und Elke stiegen die Treppe hoch und gingen in den Unterrichtsraum. Als sie eintraten, waren erst fünf Leute im Zimmer. Die beiden sagten Guten Tag und fragten dann, ob sie sich hinsetzen könnten, wo sie wollten. »Klar!« sagte ein junger Mann von vielleicht sechsundzwanzig. »Hier gibt es keine festen Plätze.« Claudia checkte ihn blitzschnell ab und warf Elke einen fragenden Blick zu, dann setzten sie sich in die Reihe, wo er saß, aber sie ließen den Stuhl neben ihm frei. »Wollt ihr auch im Urlaub nach Amerika?« fragte der junge Mann. »Leider nicht«, sagte Elke. »Wir brauchen das für die Schule. Unser Englischlehrer leitet den Kurs.«

»Ich wollte, dazu könnte ich meinen Sohn auch mal bringen!« sagte eine Frauenstimme von ganz hinten. Claudia drehte sich neugierig um und sah eine Frau von etwa fünfunddreißig Jahren. »Der wird sich noch wundern! Mein Mann wird in einem halben Jahr nach England versetzt. Naja, vielleicht haben die im Internat mehr Glück mit meinem Ältesten! — Den jüngeren nehmen wir mit.«
Nach und nach waren an diesem ersten Tag immer mehr Kursteilnehmer in den Unterrichtsraum gekommen und zuletzt Herr Lehmann. »Fein, daß ihr gekommen seid«, sagte er, und dann fing der Unterricht an. Obwohl der Kurs für Fortgeschrittene war, mußten die beiden Mädchen ganz schön aufpassen, weil der Englischlehrer in der Volkshochschule ganz anders unterrichtete als sonst. Hier hatte er es auch meist mit älteren Erwachsenen zu tun.
»Na, wie ist das?« fragte der junge Mann, als der Kurs zu Ende war, »geht ihr noch mit ein Bier trinken? — Frau Möller, Sie gehen doch bestimmt auch noch mit!« »Selbstverständlich«, sagte die Frau, deren Sohn aufs Internat sollte. »Mein Mann ist sowieso noch in der Firma.« Eine halbe Stunde später saßen sechs Kursteilnehmer um einen Tisch in einer Gaststätte. Die meisten tranken Bier, nur Claudia und Elke hatten Cola bestellt. »Spricht der Lehmann bei euch in der Schule auch immer so schnell, daß man kein Wort versteht?« fragte plötzlich ein älterer Mann, in dessen Bierglas ein komischer Metallstab hing. »Schnell?« sagte Elke. »Der Lehmann spricht doch nicht schnell.« Auch die anderen am Tisch protestierten, aber der Mann beharrte auf seiner Meinung. »Natürlich spricht er zu schnell! Und er geht viel zu schnell vor!«
»Es zwingt einen ja niemand, einen VHS-Kurs zu besuchen«, sagte der junge Mann leise zu Elke, und Elke nickte. »Du kannst das doch wohl nicht beurteilen!« bellte plötzlich der Mann mit dem Tauchsieder im Bierglas. »Als ich in deinem Alter war . . .«
»Ich weiß«, sagte die Frau, die nach England wollte. »Als Sie in diesem Alter waren, da hatten sie schon das Vaterland verteidigt!« Alle lachten, aber trotzdem war plötzlich schlechte Stimmung aufgekommen. »Naja«, sagte der junge Mann und trank sein Bier aus. »Ich werd jetzt mal langsam . . .« Er rief den Kellner, bezahlte, und auch die anderen bezahlten. Nur der Mann, der den Lehrer kritisiert hatte,

bestellte sich noch ein Bier. Claudia und Elke waren sich einig, daß er plötzlich zufrieden aussah. »Ich kenn so was von meinem Onkel«, sagte sie.« Ich wußte schon, daß es Krach geben würde, als ich den Stab im Bierglas sah. Mein Onkel ist auch magenkrank und verträgt kein kaltes Bier. Mit dem krieg ich auch immer Stunk!«
Am zweiten Kursabend gab es dann eine Überraschung. »Habt ihr beiden Lust, einen Tanzkursus mitzumachen? — Bei uns ist diesmal etwas passiert, was nur alle hundert Jahre vorkommt! — Wir haben mehr Jungen als Mädchen in einem Kurs!« sagte der junge Mann, der im Urlaub in die USA wollte.
»Sind Sie Tanzlehrer?« fragte Elke interessiert. Der Mann nickte: »Ich weiß, ihr könnt natürlich tanzen. — Aber auch die Gesellschaftstänze? Tango und solche Sachen?« »Finde ich echt ätzend«, sagte Claudia, und der Tanzlehrer lachte. »Naja, ihr könnt es euch mal überlegen. Wenn ihr wollt, kommt morgen um halb sechs einfach in die Tanzschule Suhrmann und fragt nach mir. Einfach Meyer mit Ypsilon.«
»Und was würde uns das kosten?« fragte Elke zu Claudias Verwunderung. »Freundschaftspreis«, sagte der Tanzlehrer. »Für jeden dreißig Mark. Ich sitz ja selbst in der Klemme!«
Diesmal war es Elke, die nach dem Englischkurs manipulierte, so gut sie konnte. Sie wollte unbedingt in die Tanzschule, und sie wollte, daß Claudia mitging. Sie schilderte es für so vorteilhaft wie möglich, wenn man nicht nur in der Disco tanzen könnte, sondern auch die Gesellschaftstänze, die Claudia altmodisches Zeug nannte. Sie sagte immer wieder, daß man nie wieder an eine so günstige Gelegenheit käme. Sie erklärte, daß sie ja auch zu diesem lauten Pop-Konzert mitgegangen wäre, wo man das Publikum auch noch um die wichtigste Gruppe betrogen hatte. Das gab den Ausschlag. »Also gut«, sagte Claudia schließlich. »Aber nur dir zuliebe! — Und wenn es mir nicht gefällt, steig ich sofort wieder aus. Ich bin bisher auch ohne so was zurechtgekommen.«
»Das wird dir gefallen«, sagte Elke. »Bestimmt!«
Ihre Mutter war gar nicht erstaunt, als Claudia ihr noch am selben Abend davon erzählte, weil sie nicht wußte, was sie am besten anziehen sollte, und Claudias Vater grinste: »Tendenzwende, was? — Mal

wieder typisch!« Was das zu bedeuten hatte, wußte Claudia nicht. Wahrscheinlich irgendwas Politisches, ihr Vater sagte manchmal solche Sachen, die sie nicht verstand. Am nächsten Abend gingen die beiden Mädchen dann in die Tanzstunde. Beide hatten ihre besten Jeans an, obwohl Claudias Mutter unbedingt gewollt hatte, daß Claudia einen Rock und eine Bluse anziehen sollte. »Wir leben doch nicht mehr im Mittelalter!« hatte Claudia daraufhin erklärt. »Elke hat gesagt, ein Kleid braucht man nur beim Mittelball und beim Schlußball, und den mache ich auf keinen Fall mit.« Peter Meyer mit Ypsilon freute sich, als er Claudia und Elke sah: »Dann kommt mal mit«, sagte er in seinem Büro. »Die meisten sind schon unten. Wir fangen gleich an.« Er ging ihnen voraus, eine Treppe hinunter, dann öffnete er die Tür zu einem großen Saal mit Spiegeln an den Wänden, in dem Jungen und Mädchen an kleinen Tischen saßen und sich bemühten, so locker wie möglich zu erscheinen. Die beiden setzten sich zu zwei anderen Mädchen, dann gab Elke Claudia einen Stoß mit dem Ellenbogen. »Ich krieg doch die Tür nicht mehr zu!« flüsterte sie leise. »Guck mal, da drüben! Das hat mir gerade noch gefehlt.«
»Was denn?« flüsterte Claudia, aber dann erkannte sie ihn auch: In der hintersten Ecke, so weit wie möglich von den anderen entfernt, saß ein Typ, den sie von der Schule kannten. Er rauchte nervös eine Zigarette, und wenn er keine grauen Jeans angehabt hätte, hätte Claudia ihn sofort erkannt: Charlie! Die Abfuhr, die Elke ihm auf dem Schulhof erteilt hatte, war die zweiunddreißigste Abfuhr gewesen, die er sich in diesem Monat geholt hatte, und auch ein Mensch wie Charlie ist es irgendwann leid, dauernd mit anderen nicht klarzukommen. Ich muß in eine völlig neue Clique rein, wo mich keiner kennt, hatte er gedacht. Vielleicht finde ich da endlich eine Freundin. Im Grunde wäre ein Sportverein oder eine Jugendgruppe für Charlie eine genauso gute Möglichkeit gewesen, neue und andere Leute kennenzulernen.
»Wir werden jetzt zuerst darüber sprechen, wie ein Herr eine Dame zum Tanzen auffordert«, sagte Herr Meyer mit Ypsilon. Was für ein Blödsinn, dachte Claudia, wenn ich in der Disco mit einem tanzen will, gehe ich doch einfach hin.
Der Typ ist total bescheuert, dachte Charlie, der hat eindeutig minde-

stens eine Ecke ab! — Das sagte er auch leise zu Claudia, als er fünf Minuten später mir ihr einen einfachen Blues-Schritt probierte. Natürlich hatte er sie aufgefordert, weil er sie vom Schulhof her flüchtig kannte und sie wenigstens nicht ganz fremd war.
»Wahrscheinlich sogar zwei Ecken!« sagte Claudia zu Charlie, und sie grinste. Der Typ ist gar nicht so übel, wie ich annahm, dachte sie, und dann glaubte Charlie, er könne seinen eigenen Ohren auch nicht mehr trauen: »Gehst du nachher noch 'ne Stunde mit in unsere Disco? — Die Elke kann nicht, und allein hab ich keinen großen Bock.«

Wie man von anderen abgecheckt wird und andere abcheckt

Über die Wichtigkeit des äußeren Eindrucks wissen wir durch das Grundgesetz der Psycho-Power Nr. 5 schon Bescheid. Keiner kann dem anderen in den Kopf gucken, deshalb checkt er zuerst das Äußere eines fremden Menschen ab. Der äußere Eindruck entscheidet, ob er von einem anderen Freundlichkeit oder Unfreundlichkeit erwartet. Erwartet man Freundlichkeit, bleibt man offen, erwartet man Unfreundlichkeit, macht man sich zu und bereitet sich auf Abwehr vor.
Auch wenn der erste Eindruck positiv ist und einer vom anderen keine Unfreundlichkeit erwartet, checkt er den anderen weiter ab. Wer mit Psycho-Power arbeitet, achtet dabei weniger darauf, wie andere Menschen aussehen, sondern darauf, was sie sagen und wie sie sich verhalten. Meyer mit Ypsilon ist Claudia am ersten Abend im Englisch-Kurs genauso fremd wie die Frau, die mit ihrem Mann nach England gehen wird. Die Frau hatte von einem ältesten Sohn gesprochen. Also hatte sie mindestens zwei Kinder. Sie wünschte sich, daß dieser Sohn auch einen Abendkurs mitmacht, also war dieser Sohn nicht mehr ganz jung, auf keinen Fall jünger als 14, denn jüngere Hörer ließ die Volkshochschule nicht zu, das hatte Claudia im Arbeitsprogramm der VHS gelesen. Warum wollte die Frau den älteren Sohn in ein Internat stecken, den jüngeren aber mitnehmen? Auf alle

Fälle mußte ihr Mann einen sehr gut bezahlten Job haben, denn sonst würde ihn die Firma kaum nach England schicken. Er mußte einen Beruf ausüben, der selten war, oder seine Firma mußte sehr großes Vertrauen zu ihm haben.
Von Meyer wußte Claudia am ersten Abend nur, daß er Englisch lernte, weil er nach Amerika in Urlaub fahren wollte. Davon abgesehen, benahm er sich locker und unverkrampft. Die Art, wie er Claudia und Elke aufgefordert hatte, noch mit in die Gaststätte zu gehen, war für die beiden auch in Ordnung gewesen. »Frau Möller, Sie gehen doch bestimmt auch noch mit«, hatte er gesagt. Also wollte er höchstwahrscheinlich wirklich nur ein Bier trinken, denn wenn er auf einen schönen Abend mit zwei Schülerinnen aus gewesen wäre, hätte er eine fünfunddreißigjährige verheiratete Frau nicht aufgefordert, auch mitzukommen.
Menschen wie Frau Möller oder Herrn Meyer gegenüber bleibt man auch nach dem ersten Abchecken gegenüber offen.
Dem Mann mit dem Tauchsieder im Bierglas gegenüber hätte sich Claudia völlig zugemacht, und wenn sie gezwungen gewesen wäre, irgendwas mit ihm zu tun zu haben, wäre sie ständig auf der Hut gewesen. Sie hätte sich jeden Deal mit ihm dreimal überlegt und ihn, wenn irgend möglich, vermieden: Der Mann hatte in Abwesenheit eines Menschen schlecht über ihn gesprochen und dazu noch, wie Claudia fand, völlig grundlos. Keiner hatte ihn nach seiner Meinung über den Englischlehrer gefragt. Die Art, wie er Elke runtergeputzt hatte, hätte etwaige Zweifel beseitigt: Menschen, für die das eigene Lebensalter ein Argument ist, sind autoritäre Figuren, und vor ihnen hütet man sich am besten.
Mit Psycho-Power findet man sehr schnell und gründlich heraus, wie andere Menschen sind, und die Instrumente der Psycho-Power sind auch hier einfach, eindeutig und wirksam.

Ein Schnellkurs in Menschenkenntnis

An welchem Aussehen, an welchen äußeren Kennzeichen man bestimmte Menschentypen erkennt, darüber gibt es noch mehr Bücher und Ansichten als über Körpersprache.
Dicke und rundliche Menschen sind gemütlich, kann man da zum Beispiel erfahren. Menschen mit vollen Lippen sind lustvolle Genießer. Große, breite Männer, die sich langsam bewegen, sind gutmütige Bären. Vor den schlanken, schnellen, windigen muß man auf der Hut sein.
Männer, die nicht größer sind als 160 cm, das habe ich tatsächlich gelesen, sind ausgesprochen gefährliche Giftzwerge. Klar, wer aussieht, wie ein Verbrecher, der ist auch höchstwahrscheinlich einer! Menschen, die lügen, können einem nicht direkt in die Augen sehen! Wer seine Füße mit den Zehen nach innen zeigend (also nicht parallel) setzt, der ist meist unintelligent!
Wer mit Psycho-Power arbeitet, kümmert sich um solche Kennzeichen, nach denen man angeblich Menschen beurteilen kann, überhaupt nicht. Ein bestimmter bayerischer Politiker ist dick und rundlich. — Ist er auch gemütlich?
Viele Nonnen haben volle Lippen und sind bestimmt keine lustvollen Genießer. Ronald Reagan ist groß und breit, und er bewegt sich langsam und ruhig — ist der gegenwärtige US-Präsident ein gutmütiger Bär? Muß man vor dem schlanken, schnellen Schauspieler Marius Müller-Westernhagen (»Theo gegen den Rest der Welt«) und dem noch dünneren und flinkeren Otto Waalkes mehr auf der Hut sein?
Was ein richtiger Lügner ist, der kann einem treuherzig und gerade in die Augen sehen. Der macht das liebste und harmloseste Gesicht, wenn er die dickste Lüge erzählt: Selbstverständlich, sonst würden andere ja nicht darauf hereinfallen!
Wer auch nur einmal in einer Jugendstrafanstalt war, der weiß auch, daß das mit dem Verbrechergesicht nichts als Unsinn ist. Verbrecher sind Menschen, die Rechte anderer so erheblich verletzt haben, daß das sogar mit Gefängnis bestraft wird. Sie sehen genauso aus wie die Polizisten, und auch die Polizisten sehen aus wie du und ich! Der

Kindermörder Jürgen Bartsch, der mehrere Menschen umgebracht hat, sah sehr nett und freundlich aus.
Wer mit Psycho-Power arbeitet, den interessiert nicht, wie Menschen aussehen, sondern er achtet vielmehr darauf, wie sie sich anderen gegenüber verhalten.
Es gibt keine äußeren Kennzeichen, an denen man das ablesen kann, sondern es kommt auf den Gesamteindruck an.
Wie einer aussieht, ist ziemlich unwichtig, es sei denn, man sucht gerade jemanden, mit dem man sich schmücken will, und man ist bereit, den Preis für den Vorteil zu zahlen, den man dadurch hat, wenn andere zum Beispiel ein besonders schönes Mädchen mit einem zusammen sehen sollen. (Zum Erinnern: Man bezahlt nicht nur mit Geld!)
Wer mit Psycho-Power arbeitet, der unterscheidet nur zwischen zwei Sorten von Menschen: Menschen, die ein freundliches und positives Verhältnis zu anderen Menschen und der Welt haben — und Menschen, die ein unfreundliches und negatives Verhältnis zur Welt haben. Warum er unterscheidet, das müßte klar sein:
Mit Menschen aus der ersten Gruppe sind »gute« (harmonische) Beziehungen möglich, weil sie andere als freie und gleichberechtigte Partner betrachten. **Nur** mit solchen Menschen sind **»gute«** Beziehungen, in denen jeder im gleichen Maße gibt und nimmt und sich alles irgendwann ausgleicht, auf Dauer möglich.
Mit Menschen aus der zweiten Gruppe sind **»gute«** Beziehungen nicht möglich, weil sie andere nicht als ihre freien und gleichberechtigten Partner betrachten, sondern sie beherrschen, unterdrücken und ausbeuten wollen. Solche Menschen denken nicht **auch** an ihren Vorteil, sondern sie denken **nur** an ihren Vorteil, und die Wünsche und Interessen anderer interessieren sie im Grunde überhaupt nicht. Sie wollen nicht nehmen und geben, sondern nur nehmen. Mit solchen Menschen sind **»gute«** Beziehungen auf Dauer nicht möglich, denn in Beziehungen mit solchen Menschen gleicht sich auf Dauer nichts aus.
Wer mit Psycho-Power arbeitet, gehört in die erste Gruppe und denkt auch an die Interessen und Vorteile der anderen, mit denen er gute Beziehungen (Tauschbeziehungen!) unterhält.

Mit Angehörigen der zweiten Gruppe hat man am besten so wenig wie möglich zu tun. Das läßt sich oft nicht vermeiden, denn auch die Angehörigen der zweiten Gruppe sind Teil der Welt, und jeder ist oft gezwungen, sich mit Angehörigen der zweiten Gruppe auseinanderzusetzen. Wer ein autoritäres und ausbeuterisches Verhältnis zu anderen Menschen und der Welt hat, der lebt ja leider nicht für sich allein, sondern er ist geradezu ständig auf der Suche nach anderen, die er beherrschen, unterdrücken und ausbeuten kann. Klar, daß Psycho-Power auch dabei hilft, mit solchen Menschen klarzukommen: Wer mit Psycho-Power arbeitet, ist ein freundlicher Mensch, der mit anderen »gute« Beziehungen will. Er greift andere niemals an, weil er einen Vorteil für sich will, ohne sich um ihre Interessen zu kümmern. Aber er läßt sich auch nicht beherrschen, unterdrücken und ausbeuten. Er wehrt sich gegen andere, die das versuchen. Wenn andere ihn angreifen, bedeutet das Kampf.

GRUNDGESETZ DER PSYCHO-POWER Nr. 10

Es gibt im Grunde nur zwei Menschentypen:

1. **Menschen mit einer positiven und freundlichen Grundeinstellung gegenüber anderen Menschen und der Welt,**
2. **Menschen mit einer negativen und unfreundlichen Grundeinstellung gegenüber anderen Menschen und der Welt.**

   Mit Menschen des Typs 1 sind für beide Seiten vorteilhafte Beziehungen möglich. Mit Menschen des Typs 2 auf Dauer nicht. Man geht ihnen am besten aus dem Wege, und wenn das nicht möglich ist, muß man sehr aufpassen. Menschen des Typs 1 greifen einen nie an. Wenn einen Menschen des Typs 2 angreifen, muß man sich wehren.

Wie man Menschentyp 1 vom Menschentyp 2 unterscheidet

Selbstverständlich liefert Psycho-Power auch eine hervorragende Methode, den Menschentyp 1 vom Menschentyp 2 zu unterscheiden. Psycho-Power interessiert sich nicht dafür, ob einer groß oder klein, dick oder dünn ist. Uns interessiert nicht, ob jemand evangelisch oder katholisch ist, uns interessiert nicht, in welcher Partei er ist, uns interessiert nur, wie er sich gegenüber den Menschen und der Welt um sich herum verhält. Psycho-Power behauptet nicht, daß Typ 1 gut ist und Typ 2 schlecht. Jeder hält für »gut«, was ihm Vorteile bringt, und für »schlecht«, was ihm Nachteile bringt.
Wer darauf achtet, wie Menschen mit sich und anderen umgehen, und genau prüft, ob sie das Leben lieben oder nicht, weiß sehr bald, wie er sich anderen gegenüber am besten verhält. Er weiß es sehr bald — nicht sofort auf den ersten Blick, und deshalb läßt man andere ja so langsam auf sich zukommen und checkt sie genau ab.
Dafür kann man am Anfang eine Checkliste benutzen. Später, wenn man die Grundgesetze des Psycho-Power lange genug kennt und nach ihnen lebt, braucht man solche Checklisten nicht mehr.

❶ Geht ein anderer Mensch sorgfältig mit sich um? (Wer sich selbst nicht mag, der mag auch meist andere nicht.)

❷ Bewegt ein Mensch sich locker und entspannt oder wirkt er insgesamt verspannt und verkrampft? (Wer fröhlich ein Lied pfeift, weil er sich an einem Frühlingstag über die Sonne freut, der gehört bestimmt nicht zum Typ 2. Auch nicht, wenn er kurz darauf eine Englisch-Arbeit ankündigt.)

❸ Kann ein anderer Mensch lachen? Wie lacht er und über was? Lacht er locker und entspannt oder bleibt er auch dabei verkrampft, und sein Lachen klingt so ähnlich wie das Meckern einer Ziege? Freut er sich darüber, wenn er oder ein anderer einen Erfolg hat, oder ist für ihn Freude meist Schadenfreude? Sogar über welche Witze er lacht, gibt Auskunft. Wenn der andere Witze über Türken oder andere Minderheiten für prima hält: Vorsicht! Typ 2! (Beim Lachen können

Menschen sich sehr schlecht verstellen. Ob, wie und worüber jemand lacht, gibt am besten Auskunft darüber, wer er ist.)

❹ Wie geht ein anderer Mensch mit anderen Menschen in seiner Nähe um? Will er geben und nehmen — oder immer oder meist nur nehmen? (Wer immer nehmen will und nicht gibt: eindeutig Typ 2!)

❺ Wie kommt ein anderer Mensch mit anderen Menschen in seiner Umgebung klar? (Keiner ist ohne Grund bei anderen unbeliebt. Wer mit Menschen in fairen Tauschbeziehungen lebt, der ist meist beliebt.)

❻ Hat ein anderer Mensch Freunde oder ist er meistens allein? (Wenn jemand keine Freunde hat, ist er wahrscheinlich selbst kein Freund, weil er auch da **nur** seinen Vorteil sucht und die anderen das nicht mitmachen.)

❼ Behandelt ein anderer Mensch tote Gegenstände besser als lebendige Wesen? (Wer mit seinem Auto sorgfältiger umgeht als mit seinen Kindern: eindeutig Typ 2.)

❽ Ist für den anderen Ordnung ganz nützlich, weil man in völliger Unordnung nie was wiederfindet, oder ist sie für ihn ein Selbstzweck, dem er alles andere unterordnet? (Wer in **totaler** Unordnung und Schlamperei lebt, dem ist alles egal und der hat kein freundliches Verhältnis zu sich und der Welt. Wem Ordnung wichtiger ist als ihr vernünftiger Zweck, der ist erst zufrieden, wenn alles tot ist. Was tot ist, bewegt sich nicht mehr und kann deshalb auch nicht in Unordnung geraten. Ordnungsfanatiker gehören meist zum Typ 2.)

❾ Respektiert ein anderer die Freiheit anderer Menschen und versucht sie zu überzeugen (zu manipulieren), wenn er etwas von ihnen will, oder will er einfach befehlen, und die anderen sollen gehorchen? (Wer andere mit Zwang beherrschen will, will dabei **immer** seinen Vorteil. Auch wenn jeder Herrscher sagt, daß seine Herrschaft nur zu unserem Vorteil oder zum Vorteil einer Sache notwendig ist.)

❿ Sind für den anderen irgendwelche Überzeugungen und Prinzipien wichtiger als Zufriedenheit und Wohlbefinden von Menschen?

Würde der andere aus einem anderen Grund als Notwehr einen Menschen töten?

⓫ Ist mit einem anderen eine **freie** Tauschbeziehung möglich, bei der jeder gibt und nimmt, wann und was er will, oder zwingt uns ein anderer, etwas zu geben, was wir nicht geben wollen, und drängt uns etwas dafür auf, was uns nicht interessiert? (Auch solche Beziehungen, die oft wie Tauschbeziehungen aussehen, sind in Wirklichkeit Herrschaft auf der einen und Unterdrückung oder Unterwerfung auf der anderen Seite.)

Warum es Typ 1 und Typ 2 selten in »chemisch reiner« Form gibt

So nützlich Verallgemeinerungen wie diese Checkliste oft sind: Psycho-Power geht davon aus, daß jeder Mensch vom anderen verschieden ist. Jeder versteht etwas anderes unter einem Vorteil oder einem Nachteil, und deshalb ist es einer der größten Fehler, den man machen kann, daß man Menschen nach dem Abchecken in Schubladen packt und ihnen sozusagen ein Etikett auf den Bauch klebt. Das Abchecken ist völlig in Ordnung und notwendig. Man muß andere abchecken, weil man möglichst genau wissen will, ob man mit ihnen für beide Seiten vorteilhafte Beziehungen haben könnte oder wahrscheinlich nicht. Mit Psycho-Power entscheidet man danach, ob man mit dem anderen gerne etwas zu tun haben oder ob man ihm lieber aus dem Wege gehen möchte.
Ein junger Mensch, dem die Schule total stinkt, kann weder von seinem Vater noch vom Jugendamt, noch vom Gericht dazu gezwungen werden, das Abitur zu machen. Wenn er einen Vorteil darin sieht, nicht mehr zur Schule zu gehen, muß er nur die damit verbundenen Nachteile in Kauf nehmen: kein Abitur. Wenn ihn die Eltern deshalb nicht mehr zu Hause leben lassen, unter Umständen ein Leben in einem Heim und danach einen Job, mit dem er sich das Geld für seinen Lebensunterhalt verdient. Ich kenne einen jungen Mann, der das so

gemacht hat. Er ist jetzt Disc-Jockey, und er fühlt sich dabei sehr wohl. Er spart jede Mark, die er kann, denn er will in fünf Jahren eine eigene Discothek aufmachen.
Jeder kann sich in seinem Leben immer entscheiden, was er will. Auch wer bei für ihn sehr unangenehmen Eltern wohnen bleibt, der tut das freiwillig. Er nimmt Nachteile in Kauf, weil er trotz allem irgendwelche Vorteile von seinen Eltern hat, auf die er nicht verzichten möchte. Wenn er das wollte, bräuchte er nur ein paarmal wegzulaufen und nicht zu tun, was seine Eltern wollen. Wenn sie nicht mehr mit ihm fertig werden, müssen sie ihn entweder machen lassen, was er will, oder ihn, wenn er unter siebzehn ist, in Fürsorgeerziehung stecken. Jeder kann und muß im Leben ständig entscheiden, was er für einen Vorteil hält und was er notfalls an Nachteilen dafür hinnehmen will.
Genau deshalb jammern und klagen übrigens Menschen, die mit Psycho-Power leben, nur sehr selten, denn sie wissen, daß die Welt so ist, wie sie ist. Wenn man sich dafür entscheidet, kann man (vielleicht sogar mit anderen, wenn die das auch wollen) daran arbeiten, daß die Welt besser wird. Manche haben dabei ein sehr gutes Gefühl. Wenn es anders wäre, würden sie sich anders verhalten. Es ist aber eine Tatsache, daß die meisten Menschen die Welt so, wie sie ist, für in Ordnung halten. Sonst wäre die Welt längst anders. Die Welt ist auch weder gut noch schlecht, sondern sie ist, wie sie ist. Jeder, der sich nicht umbringen will, muß mit ihr klarkommen. Deshalb gibt es auch den Menschentyp 1 oder den Menschentyp 2 nicht in chemisch reiner Form.
Wer 100% negativ wäre, mit dem würde absolut niemand etwas zu tun haben wollen. Deswegen arbeitet selbst der antisozialste Schwerstverbrecher im Gefängnis. Er geht widerstrebend eine Tauschbeziehung ein, weil er anders die Zigaretten nicht bekommt, die er will. Er will einen Vorteil, und er muß dafür geben. Wer eher positiv ist, mit dem werden leider nicht nur die anderen eher positiven Menschen Beziehungen unterhalten wollen, sondern er wird oft auch mit Menschen mit eher negativer Grundeinstellung klarkommen müssen, weil er von ihnen irgendeinen Vorteil will. In der Praxis hat man es mit Menschen zu tun, die mehr oder weniger dem Typ 1

oder dem Typ 2 entsprechen. Psycho-Power ist eine Methode, mit allen klarzukommen. Wenn man trotz ihr durch bestimmte Menschen immer nur Nachteile hat, die nicht durch Vorteile aufgewogen werden, bricht man alle Beziehungen zu ihnen ab.

3. Teil: Psycho-Power in Familie, Schule, Freundschaft und Liebe

Eine lange Nacht und jede Menge Krach

Die Claudia will mit mir in die Disco, dachte Charlie aufgeregt, und er fing vor Aufregung an, noch mehr zu schwitzen. »Na klar!« sagte er. »Ich wollte sowieso noch eine Stunde vernünftige Musik hören.« Ich darf mir nichts vergeben und muß noch mehr Eindruck auf sie machen. Er erzählte, daß sein Vater einen 350er Mercedes hätte und er mit achtzehn sofort den Führerschein machen wollte, aber Claudia nickte nur und war überhaupt nicht beeindruckt. »Wir haben einen sieben Jahre alten Opel, und mein Vater möchte am liebsten einen neuen. Meine Mutter und ich sind dagegen! Solange die Karre fährt, ist uns völlig egal, was die Nachbarn denken.«
Die Tanzpaare trennten sich wieder, und beim nächsten Mal war ein anderer schneller und forderte Claudia auf. Elke und ein ziemlich dickes Mädchen saßen noch, und Charlie verbeugte sich vor dem etwas dicken Mädchen. »Wenn ich bitten dürfte«, sagte er, so ironisch er konnte. Das Mädchen bekam einen roten Kopf und stand dann auf. Ihm blieb auch nichts anderes übrig. Körbe austeilen, hatte der Tanzlehrer gesagt, gebe es in Tanzschulen nicht. Da müsse jeder mit jedem tanzen. Klar, daß diesmal beim Tanzen kein Wort zwischen Charlie und seiner Partnerin gesprochen wurde.
Mißmutig sah Charlie, daß Claudia sich prima unterhielt. Sie redete mit ihrem jetzigen Tanzpartner, wie sie mit ihm geredet hatte, und sofort bekam Charlie wieder seine alte Wut auf alle Menschen und die ganze Welt. Ich hätte mich nie auf diesen Tanzkurs einlassen sollen dachte er. Mich mag ja auch keiner. Und dem anderen Jungen, der Claudia anzumachen versuchte, würde er nach dem Kurs eins in die Fresse hauen. War ja sowieso egal. Von dem Tanzkurs hatte er die Na-

se voll. Wenn da nur nicht eine kleine Hoffnung gewesen wäre. Natürlich, der neue Tanzpartner von Claudia sah viel besser aus als Charlie. Höchstwahrscheinlich würde sie lieber mit ihm in die Disco gehen. Im Grunde sah sich Charlie wie immer als Verlierer, aber er wollte es wenigstens genau wissen. Jeder Mensch, der seine vertrauten Gewohnheiten und Verhaltensweisen ändert, erlebt Überraschungen!

Meyer mit y sagte, daß beim nächsten Tanz »Damenwahl« wäre und die Mädchen auffordern würden. Am liebsten wäre Charlie jetzt aufgesprungen und weggerannt, aber er blieb wie festgeklebt sitzen.

Claudia stand auf, steuerte quer durch den Saal und kam dann zu ihm. »Na los! — Hast du einen Krampf im Fuß?«

Charlie sagte nichts und stand auf. »Was war denn das für ein Typ?« fragte Charlie mißtrauisch. »Weiß ich doch nicht. — Der hat mir bloß erzählt, daß er gern Tennis spielt, und ich hab ihm gesagt, daß er mal mit Elke tanzen soll. Die ist auch in einem Tennisclub!« »Deine Freundin hat was gegen Punks, was?« fragte Charlie. Claudia schüttelte den Kopf. »Die hat nie was gegen andere. Der hat nur mal ein Typ in einer Punk-Disco die Handtasche geklaut.«

»Dafür kann ich doch wohl nichts.«

»Natürlich nicht!« sagte Claudia. »Aber mach ihr das mal klar! Die ist halt so.« Dann war der Tanz wieder zu Ende, alle gingen auf ihre Plätze. Beim nächsten Mal war ein anderer wieder schneller. Auf ihn hatte Charlie seltsamerweise nicht die geringste Wut. Er sprang nur beim darauffolgenden Tanz so schnell auf, daß er fast den Tisch umschmiß. Gott sei Dank bekam Claudia das aber nicht mit. Sie sprach jedenfalls nicht davon und redete mit ihm über die Schule.

Danach machte Meyer mit Ypsilon eine »Erfrischungspause« (weil die Tanzschule einen Vorteil davon hatte, wenn alle Cola tranken), und Claudia sagte Elke, daß sie mit Charlie noch in die Disco gehen würde. »Mit diesem Punk? Bist du verrückt? — Dann geh ich doch lieber mit.« »Laß mal«, sagte Claudia. »Der Typ ist ganz nett.« Elke meinte, daß Claudia am besten wissen müsse, was sie täte, und Claudia nickte. »Klar weiß ich das! Ich finde irgendwie gut, daß er den Mut hat, so in die Schule zu kommen, wie er will.« »Sag mal, spinnst du? Du hast dich doch nicht etwa in diesen Typ verliebt?«

»Quatsch!« sagte Claudia. »Ich will nur mal sehen, was mit ihm los ist. Ich find ihn ganz nett.« Elke kannte ihre Freundin gut. Wenn Claudia sich etwas in den Kopf gesetzt hatte, konnte man es ihr nicht ausreden. »Ich geb dir nur den guten Rat, nicht in die Punk-Disco zu gehen und gut auf deine Handtasche aufzupassen.« Claudia nickte nur. »Mach dir mal keine Sorgen um mich. Ich bin doch nicht blöd!« Nach der Tanzstunde merkte auch Charlie, daß sie nicht blöd war, und er merkte auch, daß es nicht leicht war, Claudia zu manipulieren. Er konnte ihr zehnmal sagen, daß man mit einem Moped auch ohne Sturzhelm auf dem Gepäckträger mitfahren könne und daß das alle anderen so machten, bei Claudia biß er damit auf Granit: »Was die andern machen, ist mir ziemlich egal!« sagte sie. »Ich finde das nicht gut, und was ich nicht gut finde, das mache ich nicht mit.« Wenn Claudia das vier Wochen eher zu ihm gesagt hätte, hätte er sie daraufhin für eine dumme Ziege gehalten und einfach stehenlassen, aber diesmal sah es so aus, als hätte er irgendwas begriffen.
»Na gut!« sagte er. »Dann gehen wir eben zu Fuß.« Claudia nickte, und dann merkte Charlie, daß es gar nicht so einfach war, sich mit jemandem zu unterhalten, den man kaum kannte. Wenn Claudia nicht wütend erzählt hätte, was ihr und Elke beim Pop-Konzert passiert war, wären die beiden ziemlich schweigend in die Disco gegangen, auf die sie sich geeinigt hatten. Es war weder Claudias Lieblingsdisco, in die sie sonst immer mit Elke ging, noch Charlies »Hölle«, wo man immer nur Funky-Music spielte, die Claudia langweilig fand. Sie gingen in eine Disco, die gerade neu aufgemacht hatte, und da merkte Claudia, daß Charlie sehr gut tanzen konnte. So verkrampft Charlie auch sonst war, wenn er tanzte, bewegte er sich ganz locker. In der »Hölle« hatte er schließlich oft genug allein getanzt und sich dabei im Spiegel beobachtet.
Irgendwann sagte der Discjockey, daß alle unter achtzehn nach Hause müßten, aber weder Charlie noch Claudia kümmerten sich darum. Kurz nach Mitternacht sah Claudia zufällig auf ihre Armbanduhr, und da erschrak sie. »Mensch, das ist ja schon halb eins! Ich muß sofort nach Hause!«
»Du bist doch kein kleines Kind mehr«, sagte Charlie, aber Claudia hörte fast nicht mehr, was er sagte. Sie bezahlte ihre drei Cola, gab

ihm schnell die Hand und rannte zum nächsten Taxi-Stand. Die Fahrt mit dem Taxi würde mindestens zehn Mark kosten, aber die hatte sie noch. Wenn sie mit der Straßenbahn gefahren wäre, hätte sie fast eine Stunde gebraucht, wenn nicht noch länger. Nachts fahren die Straßenbahnen nicht so oft. Als sie leise ihren Schlüssel in die Wohnungstür steckte, wurde die Tür von innen geöffnet, und ihr Vater schrie sie an. »Bist du verrückt geworden? — Die Tanzstunde war um acht zu Ende!« Claudia suchte fieberhaft nach einer Ausrede, aber ihr fiel keine ein. »Ich war mit Elke in der Disco. Meine Uhr ist stehengeblieben.«

»Komisch«, sagte Mutter. »Elke war schon um halb neun zu Hause!« Claudia schaltete blitzschnell. Ihre Eltern hatten bei Elke angerufen. Claudia versuchte es mit Psycho-Power. Wenn man ganz klar einen Fehler gemacht hat, sofort zugeben und sich entschuldigen. »Tut mir leid«, sagte Claudia. »Ich hätte nicht schwindeln sollen. Ich war noch mit einem Schulkameraden in der Disco. Es tut mir leid! Es war so schön, ich hab einfach nicht gemerkt, wie spät es war.« Das half wenigstens etwas. Vater brüllte nicht mehr, sondern er wurde wieder ganz ruhig. Jetzt kam Mutter aus dem Badezimmer. »Wenn du das unter Tanzschule verstehst, ist mit der Tanzschule Schluß!«

»Ich bin in einem halben Jahr achtzehn«, sagte Claudia. »Ihr könnt mir überhaupt nichts mehr verbieten!«

Mutter sah Vater an: »Was sind denn das plötzlich für völlig neue Töne! Was ist denn mit dir los?«

»Nichts!« sagte Claudia. »Ich sehe ein, daß ich einen Fehler gemacht hab, und das wird auch nicht wieder vorkommen.«

»Das möchte ich dir auch raten«, sagte Vater.

»Und mit diesem Punk gehst du auch nicht mehr weg!« sagte Mutter. Jetzt bekam Claudia Wut. Diese dämlich Elke, dachte sie. Wie kann die meiner Mutter das erzählen. Trotzdem blieb sie wenigstens äußerlich so ruhig wie möglich. »Das ist kein Punk, und ich lasse mir nicht vorschreiben, mit wem ich in die Disco gehe.«

»Und ob wir dir das vorschreiben!« sagte Vater. »Du bist noch keine achtzehn, und du hast nicht genug Menschenkenntnis.«

Claudia antwortete nicht darauf, denn sie wollte nicht, daß sich die Situation noch mehr zuspitzte. Sie ging einfach auf ihr Zimmer. Ich werde mir schon etwas einfallen lassen, das wieder in Ordnung zu bringen, dachte sie (wie sie das macht, steht im nächsten Kapitel). Sie wollte mit allen gut klarkommen, aber das geht nicht immer so einfach, wie man denkt. Auch wenn man sich darum bemüht. Claudia merkte es, als sie in der Schule mit Elke sprach. »Was hast du meinen Eltern eigentlich alles erzählt?« fragte sie. »Ich habe den größten Stunk gekriegt!«

»Die Wahrheit!« sagte Elke. »Ich hab gedacht, dir ist was passiert! Davon abgesehen bin ich stocksauer. Ich laß den Typ abfahren, und du fällst auf ihn rein!«

»Ich falle auf überhaupt niemanden rein«, sagte Claudia, »sondern ich finde es nur gut, daß er in die Schule kommt, wie er will!« Darauf sagte Elke nichts. Sie fragte nur schnippisch, ob es denn wenigstens gut in der Disco gewesen wäre, und dann kam der Erdkundelehrer in den Kurs und redete eine Stunde lang über die Veränderung des Weltklimas durch das Abholzen des tropischen Regenwaldes. Er berechnete vorn an der Tafel sogar die Windströmung, was Claudia überhaupt nicht interessierte. Wahrscheinlich hatte der Erdkundelehrer ein Abkommen mit der Mathe-Lehrerin, die seit Wochen die Vektoren-Rechnung durchnahm.

In der großen Pause wollte Claudia wie immer mit Elke zusammen auf den Hof, aber Elke stand gleich nach Ende der Stunde auf und drehte sich zu Gisela um. »Gehst du mit eine Cola trinken?«

Claudia überlegte, ob sie Elke verletzt hatte. Eindeutig nicht! Eher war es umgekehrt. Entweder ist sie bloß eifersüchtig, dachte Claudia, oder sie will über mich bestimmen. Beides wäre nicht gut. Am besten, ich warte erst mal ab, ob das so bleibt, dachte Claudia, und auf dem Schulhof kam Charlie angeschlendert.

Er hatte wieder seine schwarze Lederhose an, aber nicht das schwarze T-Shirt mit den Löchern, sondern einen grauen Pulli. »Mensch«, sagte Claudia. »Ich hab vielleicht einen Krach mit meinen Eltern gehabt!«

Charlie antwortete nicht und fummelte in seiner Hosentasche herum. »Du findest doch Stevie Wonder gut«, sagte er. »Hier! Ich hab neulich mal was vom Radio mitgeschnitten. Die Ufo und die Scorpions sind auch drauf.«

»Prima!« sagte Claudia, und dann überlegte sie. »Kannst du auch von einer Kassette auf eine andere überspielen?«
»Na klar! Ich hab ein Doppeldeck.«
»Ich brauch zwei Englisch-Kassetten überspielt«, sagte Claudia. »Ich bring dir auch meine ›Frankie Goes To Hollywood‹ mit. Die sind einfach Spitze!«

Psycho-Power im Elternhaus — Was in der Familie abläuft

Warum sich Menschen jederzeit verändern können, wie Charlie das versucht, wenn sie wollen, auch davon handelt der 4. Teil. Jetzt geht es darum, wie man Psycho-Power in der Familie einsetzt. Die Grundgesetze der Psycho-Power funktionieren selbstverständlich auch hier. Sie funktionieren immer, wo es um Beziehungen zwischen Menschen geht. Psycho-Power geht immer davon aus, welche Interessen beide Seiten haben, und arbeitet dann darauf hin, die eigenen Interessen in fairem Deal durchzusetzen. Selbstverständlich mit Manipulation, bei der jeder seinen Vorteil soweit wie möglich zu erreichen und Nachteile soweit wie möglich zu vermeiden versucht. Vor jeder Manipulation muß man sich darüber klar sein, welche Interessen die anderen und welche man selbst hat.
Im allgemeinen wollen Eltern, daß es ihren Kindern »gut geht«. Psycho-Power weiß, daß es so was wie »gut« und »schlecht« nicht gibt. Die Eltern verstehen unter »gut«, was sie dafür halten und ihren Kindern und ihnen selbst **ihrer Ansicht nach** Vorteile bringt.
Die meisten Eltern wollen, daß ihre Kinder die Ansichten der Eltern darüber teilen, was »gut« oder »schlecht« ist. Kinder sollen sich so verhalten, wie die Eltern das wollen.
Kinder sollen möglichst gute Schulzeugnisse nach Hause bringen und möglichst viel in der Schule leisten. Sie sollen irgendwann einmal mit einem »guten« Beruf (was die Eltern dafür halten) ihren Lebensunterhalt verdienen können.

Um diese Ziele zu erreichen, machen Eltern ihren Kindern mehr oder weniger Vorschriften. Sie wollen bestimmen, was ihre Kinder tun und was nicht. Bei sehr kleinen Kindern ist das auch für die Kinder gut, denn ein Achtjähriger weiß noch wenig, was ihm nützt und was ihm schadet. Mit zunehmenden Alter wissen Kinder das immer besser. Die Kinder versuchen deshalb mit zunehmendem Alter immer mehr, ihre eigenen Interessen gegen die der Eltern durchzusetzen. (Das kommt später noch mal auf uns zu: als Psycho-Killer.)
Vom Gesetz her sind Kinder und Eltern nicht gleichberechtigte Partner. Die Gesellschaft (der Staat) gibt Eltern das Recht und die Pflicht, Kinder zu beaufsichtigen und zu erziehen. Das nennt das Gesetz »elterliche Gewalt«, und das ist es auch. Trotzdem hat diese Gewalt Grenzen. Eltern dürfen (mit) ihren Kindern nicht tun und lassen, was sie wollen. Wenn sie Kinder vernachlässigen und z. B. dauernd verprügeln, greift der Staat ein, wenn er davon erfährt. Mit zunehmendem Alter müssen Eltern sogar nach dem Gesetz die wachsende Selbständigkeit ihrer Kinder berücksichtigen. Charlie einfach gegen dessen Willen von der Schule nehmen, dürfen sie nicht.
Kinder wollen im allgemeinen auch, daß es ihren Eltern gut geht, aber sie wollen selbstverständlich so jung wie möglich tun, was sie für ihren Vorteil halten. Claudia ist dabei sehr einsichtig. Zwischen ihr und ihren Eltern hat sich eine Art Gleichgewicht eingestellt, bei dem beide Seiten ganz gut miteinander klarkommen. Claudia und ihre Eltenr gehören eindeutig nicht eher zum Menschentyp 2, sondern zum Typ 1, mit dem gute Beziehungen möglich sind. Wenn man mit Menschen dieses Typs Konflikte hat, prüft man zuerst, ob ein Vorteil, den man will, für sie einen Nachteil bedeutet.
Das ist kaum der Fall, wenn Claudia in die Disco geht. Die Eltern wollen es nur nicht, und dafür haben sie Gründe. Wenn man Claudias Eltern fragte, würden sie sagen, daß Claudia in der Schule weniger leistet, wenn sie erst um halb eins nach Hause kommt. Das ist aber kein Nachteil für die Eltern, sondern genaugenommen ein Nachteil für Claudia.
Etwas anderes ist es, wenn Eltern etwas dagegen haben, daß ihre halberwachsenen Kinder mit anderen ins Bett gehen. Da können Nachteile für Eltern entstehen, denn wenn ihre Kinder selber Vater oder

Mutter werden und sie noch kein eigenes Einkommen haben, müssen die Eltern für den Unterhalt des Kindes aufkommen. Darüber hinaus gibt es Eltern, die noch immer wollen, daß ihr Kind erst mit anderen vögelt, wenn es alt genug ist, eine eigene Familie gründen zu können. Das ist in solchen Fällen auch »Erziehung«. Die Herrschenden haben noch immer ein Interesse daran, daß die Sexualität in der Ehe ausgelebt wird. Daß sich immer weniger Menschen nach diesem Interesse der Herrschenden richten, spielt hier keine Rolle. Die Welt ist, wie sie ist. Selbstverständlich ist auch die elterliche Gewalt Gewalt. Die Eltern herrschen damit über ihre Kinder.

Wir wissen, daß auch Herrschaft nur funktioniert, wenn der Beherrschte davon nicht nur Nachteile hat. Nicht jede Herrschaft ist eine Zwangsherrschaft. Claudia bekommt von den Eltern meist alles, was sie will. Die Frage, ob der Konflikt so tiefgreifend ist, daß sie notfalls auf ihr Vorteile aus der Beziehung mit ihren Eltern verzichten müßte, um schwerwiegende Nachteile zu vermeiden, ist in ihrem Fall nicht aufgekommen. Trotzdem hat sie auf einmal mit ihren Eltern einen Konflikt, denn selbstverständlich wird Claudia auch in Zukunft nicht immer um 10 Uhr zu Hause sein wollen. Claudia hat einen Fehler gemacht, der für ihre Eltern einen Nachteil bedeutete: Sie hat nicht daran gedacht, daß ihre Eltern sich Sorgen machen würden, und dazu hatte sie, wenn man es genau betrachtet, eigentlich keinen Grund. Das nächste Mal wird sie ihren Eltern vorher Bescheid sagen, damit sie sich keine Sorgen machen. Natürlich würden ihr die Eltern das verbieten wollen, deshalb prüfte sie nach, welche Möglichkeiten es gab, die Sache so zu drehen, daß auch ihre Eltern einen Vorteil davon hatten, daß sie so spät nach Hause kam. So was kann man nach der Checkliste »Die wirksamsten Methoden der Manipulation« (Seite 38). Man geht diese Checkliste einfach Punkt für Punkt durch.

Tips für den Umgang mit Eltern

❶ Wenn man von Eltern etwas will, immer zuerst überlegen, ob sie einem überhaupt geben können, was man will. Die meisten Eltern können ihrem Sohn einfach keinen Porsche kaufen, selbst wenn sie wollten.

❷ Nie etwas verlangen, was Eltern nicht geben können.

❸ Mit Psycho-Power versetzt man sich immer in die Lage seiner Eltern. Welchen Vorteil haben sie davon, wenn sie etwas für einen tun?

❹ Wünsche immer zum richtigen Zeitpunkt äußern. Nach einer Fünf in Mathe erreicht man meist gar nichts.

❺ Verbündete suchen! Notfalls vorsichtig den Vater oder die Mutter auf seine Seite ziehen, also immer bei dem Elternteil anfangen, mit dem man das bessere Verhältnis hat.

❻ Immer daran denken: Gute Beziehungen mit den Eltern sind immer mehr wert als ein einmaliger materieller Vorteil, so wertvoll er einem auch manchmal erscheinen mag!

❼ Immer daran denken: Mit Freundlichkeit erreicht man immer mehr. Eine freundliche Bitte ablehnen ist viel schwerer als eine patzige Forderung!

❽ Dranbleiben! Einen Wunsch immer und so lange wiederholen, bis die Eltern ihn nicht mehr hören können. Immer daran denken: Steter Tropfen schafft jeden Stein! Brave Kinder wollen nichts und kriegen auch nichts.

Wie man Eltern manipuliert — Die Checkliste in der Praxis

❶ Zwang und Strafe: Scheiden aus. Claudia kann ihre Eltern nicht dazu zwingen, es gut zu finden, daß sie nach Hause kommt, wann sie will.

❷ Schmeichelei: Schon besser! Claudia könnte beim nächsten Mal vorher sagen, daß sie doch die besten Eltern der Welt hätte, die bisher immer Verständnis für ihre Tochter gehabt hätten und einsehen müßten, daß man einmal in der Woche auch später nach Hause kommen möchte.

❸ Der Appell an ihre Güte: Auch möglich und zielt in dieselbe Richtung. »Ihr müßt doch einsehen, daß man mit 17 nicht jeden Tag um zehn Uhr im Bett liegen kann!« (Klingt doch vernünftig, oder?)

❹ Angst: Immer eine schlechte Möglichkeit, aber wenn es nicht anders geht. »Ich will wirklich keinen Krach, aber wenn ich jeden Abend um zehn zu Hause sein muß, verlaßt euch drauf, dann komme ich jetzt immer, wann ich will, und mit 18 ziehe ich bei euch aus! Ihr könnt mich mit 17 nicht mehr in Fürsorgeerziehung stecken.«

❺ Schönfärberei: Eine prima Möglichkeit! »Ich will doch in der Schule beste Leistungen bringen, und da muß ich mich einfach mal entspannen. Ich kann doch nicht immer nur arbeiten, da dreht der Mensch doch durch! Man braucht doch auch mal Freude im Leben.«

❻ Vortäuschung unwahrer Motive: Mir fällt keine Möglichkeit ein. Vielleicht gibt's trotzdem eine.

❼ Die Gerechtigkeitsfalle: Aber klar doch! »Alle in unserer Klasse dürfen zweimal in der Woche erst um zwölf nach Hause kommen. Die Gaby, die Gisela und die Christa sogar erst um eins!« (Wollen Eltern, daß es ihr Kind schlechter hat als andere?)

❽ Schuldgefühle: Nicht schlecht. Wenn alles andere nichts nützte und die Eltern Claudia einsperrten, könnte sie zu leiden anfangen. Nichts mehr essen und jeden Abend um sechs ins Bett! »Was wollt ihr denn noch alles von mir? Ich hab eben keinen Appetit, weil ich zu nichts mehr Lust habe. Und ihr wollt doch, daß ich so früh wie möglich im Bett bin. Wenn es nicht mal einen Abend in der Woche später werden darf, dann gehe ich eben jeden Abend so früh ins Bett.«

❾ Die Erinnerung an Vergangenes: »Ihr könnt euch doch wirklich nicht über mich beklagen. Ich hab mich immer um so gute Leistungen wie möglich bemüht und bin kein einziges Mal sitzengeblieben! Und ich möchte sehen, wer in meinem Alter noch an seine Oma denkt.«

⑩ Das Versprechen für die Zukunft: »Ich versprech euch, in Zukunft niemals wieder so spät zu kommen, wenn ich vorher nichts gesagt habe. Und wenn es wirklich mal ganz plötzlich kommt, werd ich euch anrufen und Bescheid sagen. Ich versprech euch, daß ich in Englisch im nächsten Zeugnis mindestens eine Drei habe.« (Die Punkte 11 und 12 scheiden bei Eltern des Typs 1 grundsätzlich aus.)

Vielleicht fällt einem aber auch noch eine ganz andere Möglichkeit ein, die überhaupt nicht in der Checkliste steht. Solche Listen sind nie vollständig, und der eigenen Phantasie sind keine Grenzen gesetzt. Wie wäre es denn, wenn Claudia ihre Mutter mal fragte, wie es bei ihr in der Jugend gewesen ist? — Vielleicht würde Mutter plötzlich alte Fotos herauskramen und davon erzählen, wie es war, als sie zur Tanzstunde ging. War Mutter immer pünktlich? (Wenn ja: »Heu-

---

GRUNDGESETZ DER PSYCHO-POWER Nr. 11
Mit Menschen des Typs 1, die nicht immer nur ihren Vorteil wollen, ist ein Kompromiß möglich. Mit Menschen des Typs 2, die immer und nur ihren Vorteil wollen, ist ein Kompromiß nicht möglich. Für Menschen des Typs 1 bedeuten auch »gute« Beziehungen einen Vorteil. Sie wissen es zu schätzen, wenn man nachgibt. Für Menschen des Typs 2 bedeuten »gute« Beziehungen, daß sie immer nehmen und der andere immer gibt. Wenn man ihnen gegenüber nachgibt, wollen sie sofort mehr und dann noch mehr. Ein fairer Deal ist mit ihnen nicht möglich. Ihnen gegenüber nachzugeben, bringt nie einen Vorteil, sondern wird als Schwäche angesehen, die sofort ausgenutzt wird.

---

te sind doch andere Zeiten!«) Und wenn's trotzdem nicht klappt? — Psycho-Power ist sehr flexibel! Wenn zwölf Uhr nicht durchzusetzen ist, vielleicht halb zwölf. Auch elf ist immer noch besser als zehn.

Sieg, Niederlage oder Kompromiß

Wenn alle Menschen ein freundliches und positives Verhältnis zu anderen hätten, wäre das Leben für alle leichter. Alle würden miteinander in »guten Beziehungen« leben und geben und nehmen, wie immer sie wollen. Leider ist es aber anders. Unfreundliche Menschen mit einem negativem Verhältnis zur Welt wollen ihren Vorteil, ohne sich im geringsten um unsere Interessen zu kümmern.

Deshalb ist es so wichtig, zwischen Typ 1 und Typ 2 zu unterschieden. Psycho-Power will mit allen klarkommen. Sie will aber nicht, daß man sich ausbeuten und unterdrücken läßt.

Wer nach Psycho-Power lebt, will mit anderen Tauschbeziehungen, in denen beide Seiten Vorteile haben. Wenn die anderen das auch wollen, ist es vorteilhaft für beide.

Wenn der andere keine Tauschbeziehung will, sondern unsere Ausbeutung, können wir noch so sehr Tauschbeziehungen wollen, wir erreichen sie nie. Der andere nimmt in solchen Fällen immer alles, und zwar, bis wir nichts mehr haben, er uns nichts mehr nehmen kann. Dann sucht er sich sein nächstes Opfer. Wir wissen, daß es am besten ist, solchen Menschen so gut wie möglich aus dem Wege zu gehen, aber es gibt Fälle, wo das einen noch größeren Nachteil zur Folge hat. Wer Eltern hat, die eindeutig eher zu Typ 2 gehören, wird sich sehr genau überlegen müssen, ob es nicht immer noch besser ist, bei ihnen zu leben als in Fürsorgeerziehung unter der Gewalt eines »Erziehers« vom Typ 2.

Wer einen Lehrer vom Typ 2 hat, der seinen Schülern das Leben zur Hölle macht, weil man mit ihm nicht dealen kann, wird es nicht immer für richtig halten, deswegen die Schule zu wechseln oder gar auf den Abschluß zun verzichten.

Wer mit Psycho-Power lebt, kommt auch mit Menschen des Typs 2 klar, wenn er es nicht vermeiden kann, überhaupt etwas mit ihnen zu tun zu haben. Er wehrt sich trotzdem mit allen Mitteln gegen sie.

Wenn man sich mit anderen Menschen verständigen kann, will Psycho-Power die Tauschbeziehung, und sie will nicht, daß einer nur verliert und einer nur gewinnt. Weil Menschen oft unterschiedliche Interessen haben, bedeutet das meist einen Kompromiß, bei dem sich beide Seiten irgendwo in der Mitte zwischen ihren Vorstellungen einigen. Wer dabei mehr bekommt und wer weniger, das kommt darauf an, was jeder unter »mehr« und »weniger« versteht. Wenn Claudias Vater ihr verspricht, ihr den Führerschein und einen eigenen Wagen zu schenken, und sie verspricht ihm dafür, bis zum 18. Geburtstag pünktlich um zehn zu Hause zu sein, hat Claudia keine Niederlage erlitten, obwohl sie in einer Sache voll nachgibt. Wer nach Psycho-Power lebt, sucht immer nach Möglichkeiten, sich bei Konflikten mit dem anderen zu verständigen und zu einigen. Er will keinen Vorteil, der für andere nur Nachteile bedeutet, denn er weiß, daß es so was auf lange Sicht nicht gibt, ohne daß ausgebeutet wird.

Wo getauscht wird, wird es deshalb im Falle eines Konfliktes nie für eine Seite den vollen Sieg oder die volle Niederlage geben. Selbst wer im Interessenkonflikt einmal ganz nachgibt, weil er »gute« Beziehungen nicht zerstören will, in denen der andere wahrscheinlich beim nächsten Mal ganz nachgibt, der hat keine Niederlage erlitten. Er hat heute dem anderen einen Vorteil überlassen, weil er das für sich auch für vorteilhaft hält. In guten Beziehungen gleicht sich alles irgendwann aus. Nur wo einer immer gewinnt und der andere immer verliert, gleicht sich auf Dauer nichts aus. Deshalb sind solche Beziehungen auch keine »guten« (gut ist, was uns nützt), sondern schlechte: Ihnen fehlt die Freiwilligkeit.

Wo nicht freiwillig getauscht wird und trotzdem eine Beziehung besteht, weil wir sie wegen sonst entstehender noch größerer Nacheile nicht vermeiden wollen, ändert das nichts daran, daß diese Beziehung eine Zwangsbeziehung ist.

Wer nach Psycho-Power lebt, der kämpft auch in Zwangsbeziehungen mit den Methoden der Manipulation. Er weiß aber, daß diese Methoden gegen Zwang auf Dauer nichts ausrichten und eine

Zwangsbeziehung immer eine schlechte Beziehung ist. Auch hier will Psycho-Power klare Beziehungen:

GRUNDGESETZ DER PSYCHO-POWER Nr. 12
In Zwangsbeziehungen interessieren uns die Interessen der anderen Seite überhaupt nicht. Wir wehren uns mit allen nur vorstellbaren Methoden. Wir belügen die Lügner und betrügen die Betrüger, denn gegenüber Zwang und Unterdrückung sind Kompromisse immer Niederlagen.

Ein Kompromiß mit den Eltern und ein Besuch in der Schule

Klar, daß Claudia schon am nächsten Morgen begann, ihre noch immer total verärgerten Eltern mit Psycho-Power zu behandeln. Sie sagte freundlich wie immer guten Morgen, als sie sich an den Küchentisch setzte, und als ihre Mutter nicht antwortete und Claudia nur den Kaffee hinstellte, entschuldigte sich Claudia noch mal, obwohl sie sich schon in der Nacht entschuldigt hatte.
»Ich hab euch doch gesagt, es tut mir leid! Es war so schön, ich hab einfach nicht auf die Uhr geguckt!« Danach fing sie vorsichtig zu manipulieren an. Sie entschied sich für eine Mischung aus einem Appell an Gewissen und Gerechtigkeitssinn. »Ich hab mich doch gestern schon entschuldigt! Was soll ich denn alles noch machen? – Es tut mir wirklich leid, daß ihr euch solche Sorgen um mich gemacht habt! – Ich bin doch fast achtzehn, und ihr habt mich doch nicht zu einem dummen Menschen erzogen!«
Der letzte Satz wirkte. Natürlich Schmeichelei. Darauf antwortete Mutte wenigstens schon mal, und wenn Menschen miteinander reden, ist das Schlimmste meist vorbei.

»Darum geht es überhaupt nicht! Wir lassen nicht zu, daß du nach Hause kommst, wann du willst!« »Seh ich doch ein«, sagte Claudia. »Aber ihr müßt auch einsehen, daß ich nicht immer um zehn im Bett liegen kann!«
»Und ob du das kannst«, sagte Vater, der in die Küche gekommen war. »Du mußt morgens früh raus! Wir wollen doch nur dein Bestes! Ausgehen kannst du noch genug, wenn du erst mal das Abi hast!«
Achtung, Manipulation, dachte Claudia. Jemand will mir sagen, was mein Vorteil ist. Sie blieb trotzdem freundlich. »Meint ihr, ich will jetzt immer erst so spät kommen? Ich weiß, wenn man sich jede Nacht um die Ohren haut, hat man mit vierzig Falten im Gesicht und sieht aus wie ein Waschbrett!«
Mutter blieb noch immer unfreundlich, aber Vater mußte sein Grinsen unterdrücken. »Nur jeden Freitag«, sagte Claudia. »Freitag nach der Tanzschule, da will ich noch in die Disco! Und zwar mindestens bis Mitternacht!«
»Wenn du volljährig bist, ja«, sagte Vater. »Und keinen Tag eher!«
»Was ist denn das für ein Junge, mit dem du neuerdings ausgehst?« fragte Mutter. »Was uns Elke erzählt hat, klang nicht gerade gut!«
»Ach die Elke«, sagte Claudia. »Die hat Vorurteile gegen jeden, der nicht so aussieht wie sie. – Der Charlie hat nicht gerade die besten Eltern, und da zieht er sich halt Protest-Klamotten an. Im Grunde ist er ganz nett.«
Das war schon wieder Psycho-Power! Ein verstecktes Kompliment an ihre Eltern. Sie sagte indirekt, daß prima Eltern auch prima Kinder haben, und Claudias Vater sprang sofort drauf an. »In Ordnung«, sagte er, »damit das Thema endlich vom Tisch ist. – Du darfst Freitag erst um zwölf kommen. Aber wehe, wenn es auch nur einmal später wird! Ich lasse meine Gutmütigkeit niemals ausnützen.«
»Spitze!« sagte Claudia. »Ich werde mir auch in der Schule noch mehr Mühe geben.« Einmal mehr war mit Psycho-Power alles in Ordnung gebracht worden, und was danach in der Schule passiert war, das wissen wir zum Teil schon. Charlie hatte Claudia eine Kassette mitgebracht, und Claudia hatte ihm sofort auch eine Kassette versprochen, weil sie ihn noch viel zuwenig kannte, um sich von ihm einfach etwas schenken zu lassen.

In der nächsten Stunde platzte dann mal wieder ein totaler Hammer in die Klasse. Genaugenommen platzten für Claudia zwei Hämmer hintereinander. Zuerst ein kleinerer: »Wir machen in der nächsten Woche eine zweistündige Nachmittagsveranstaltung zur Friedenserziehung, die Teilnahme ist für alle Schüler der Jahrgangsstufe Pflichtunterricht«, sagte der Geschichtslehrer.

Elke, die Kurssprecherin war, meldete sich sofort: »Weshalb ist diese Veranstaltung am schulfreien Nachmittag und nicht während des Kurses?«

»Wir fassen mehrere Kurse zusammen«, sagte der Lehrer. »Und die Veranstaltung findet in der Aula statt.«

Jetzt meldete sich ein Schüler, der Claudia schon einmal einen Handzettel gegeben hatte. »Ist das eine Veranstaltung, in der die Bundeswehr Schüler für den Offiziersberuf werben will?«

»Nein«, sagte der Kursleiter. »Natürlich nicht! Die Bundeswehr will niemanden werben, aber unsere Schule macht diese Veranstaltung selbstverständlich zusammen mit ihr!«

Elke meldete sich wieder. »Ist die Teilnahme an dieser Veranstaltung auch für Mädchen Pflicht?«

»Selbstverständlich!« sagte der Kursleiter. »Für alle! Es wird eine Anwesenheitsliste geführt, und unentschuldigtes Fehlen wird wie Nichtteilnahme am Unterricht behandelt.«

Jetzt meldete sich der Junge wieder, der Handzettel verteilt hatte. »Ich finde es unmöglich, daß die Bundeswehr hier eine geschickt getarnte Werbeveranstaltung abziehen kann. Ich möchte am Nachmittag Englisch und Mathe lernen, denn deswegen komme ich in die Schule.«

»Du bist mal wieder nicht informiert«, sagte der Kursleiter. »Die letzte Jahrgangsstufen-Konferenz hat dieser Unterrichtsveranstaltung ausdrücklich zugestimmt. Es gibt darüber keine Diskussion mehr!«

Klar, dachte Claudia. Die Schule ist eine Zwangsanstalt, aber wenn man das Abi will, muß man damit so gut wie möglich klarkommen. Claudia sagte in solchen Situationen, wo man durch Reden nichts ändern konnte, selten etwas. Mit einem Lehrer, der eine Anordnung durchführt, kann man nicht dealen, dachte sie. Sie würde sich dem

Zwang fügen, weil sie keinen Eintrag in die Kursliste wollte. Das war ihr die Sache nicht wert. Dieser Nachteil war größer, als sich zwei Stunden in die Aula zu setzen und auf Durchzug zu schalten. In Geschichte stand sie auf einem Schnitt von Zwei, und den brauchte sie. Der Kursleiter sprach eine Stunde über das Ende der Weimarer Republik, und nach dem Kurs sprach er Claudia an. »Wir haben ein kleines Problem«, sagte er freundlich. »Wir müssen die Veranstaltung in der Aula natürlich vorbereiten, und danach werden sich noch einige Lehrer und der Direktor mit unseren Gästen von der Bundeswehr eine halbe Stunde zusammensetzen. Natürlich wäre es gut, wenn auch ein paar Schüler dabei wären. Du bleibst doch auch noch da?«
Claudia überlegte blitzschnell. Auf keinen Fall wollte sie das, denn sie entschied selbst darüber, was sie mit ihrer Freizeit machte. Andererseits war sie in einer klaren Zwangsbeziehung. Sie wollte ihr gutes Verhältnis zum Kursleiter nicht gefährden. »Aber selbstverständlich!« sagte sie freundlich wie immer. »Da bleib ich gerne noch da.«
Der Kursleiter sagte ihr, daß er von Anfang an gewußt hätte, daß er mit ihr rechnen könnte. »Wenn alle Schüler so wären wie Sie«, sagte er, »wäre die Schule auch für Lehrer ein reines Vergnügen.«
»Selbstverständlich«, sagte Claudia. »Wir wollen uns doch alle das Leben so angenehm wie möglich machen.«
In der nächsten großen Pause erzählte Charlie, daß sein Sozialkunde-Kurs auch an dieser Veranstaltung teilnehmen müßte. »Ich bin doch nicht bescheuert und geh da hin. — Du etwa?«
Claudia überlegte einen Augenblick, ob sie ihm schon genug vertrauen könnte. Gegen Lehrer bestimmt, dachte sie, da haben wir auf alle Fälle gemeinsame Interessen.
»Ich möchte ja sehr, sehr gern hingehen und denen auch noch dabei helfen, daß die Veranstaltung ein ganz großer Erfolg wird, aber das wird wahrscheinlich leider nicht gehen. Ich weiß nur noch nicht, ob ich an dem Tag fehle, weil ich krank bin, oder ob meinem Vater noch was Besseres einfällt. Ich bin doch nicht verrückt und mach einen solchen Blödsinn mit!«
»So kann man das allerdings auch machen«, sagte Charlie.
»Allerdings!« sagte Claudia. »Wer redet, der handelt meist nicht, und wer handelt, der redet nicht viel. — Gegen Zwang helfen nur List und Tücke.«

»Gehen wir heute nachmittag zusammen ins Kino?« fragte Charlie. »Besser morgen«, sagte Claudia. »Ich werde heute nicht rausgehen, weil ich mit meinem Eltern noch ein bißchen dealen muß. Morgen oder übermorgen wäre es viel besser.«

Psycho-Power gegen Zwang — Was in der Schule abläuft

Auch wenn es sehr viele vernünftige Gründe dafür gibt, Schulen in der gegenwärtigen Form für Unsinn zu halten, weil sie zum größten Teil Wissen vermitteln, das der Mensch im späteren Leben nicht braucht, müssen wir auch mit der Schule so klarkommen, wie sie ist. (Wenn viele Menschen ständig für eine andere, bessere Schule kämpfen, haben sie sehr viele vernünftige Gründe dafür. Selbstverständlich auch einen Vorteil: Es macht großen Spaß, gegen Unvernunft zu kämpfen, und sie nehmen gerne die damit verbundenen Nachteile in Kauf.)

Weil Psycho-Power überall funktioniert, hilft sie auch in der Schule. Wenn man sie richtig einsetzen will, muß man sich auch hier zuerst fragen, welche Interessen die Schule hat und welche Interessen man selber hat.

Weil jeder Mensch zum Überleben mindestens bestimmte Grundkenntnisse braucht, muß er lernen. Wer nicht schreiben und rechnen kann, kommt in seinem Leben nicht zurecht. Deshalb ist das Lernen eine vernünftige und notwendige Sache. Wie es in der Schule durchgeführt wird, das halte ich für unvernünftig.

In unserer Gesellschaft haben sich die Menschen dafür entschieden, junge Menschen in Schulen lernen zu lassen. Es gibt eine allgemeine Schulpflicht. Sie ist in Gesetzen festgelegt und in vielen Vorschriften bis ins einzelne geregelt.

Wenn ein Kind nicht in die Schule geht, kann es notfalls sogar von der Polizei abgeholt und in die Schule gebracht werden. Eltern, die ihre Kinder nicht in die Schule schicken, können bestraft werden. Das ist Zwang!

Wenn auf einen Zwang ausgeübt wird, fügt man sich mit Psycho-Power nicht einfach, um dann darüber zu klagen, sondern man wägt auch hier die Vorteile gegen die Nachteile ab.

Zuerst die Vorteile: Man kann in der Schule lernen, ohne dafür besonders zu bezahlen. Steuern müßten die Eltern auch bezahlen, wenn sie ihre Kinder nicht in die Schule schickten.
Man bekommt in den Schulen ein überall im Lande anerkanntes Abschlußzeugnis, wenn man die Schule bis zum Abschluß wenigstens halbwegs erfolgreich besucht.

Die Nachteile: In der Schule soll man nicht lernen, was man will und was einen interessiert, sondern, was die Schule will. In der Schule kann man sich seine Lehrer nicht aussuchen, sondern sie werden einem vorgesetzt. Auch mit einem Lehrer, der eher zum Menschentyp 2 gehört, mit dem man keine guten Beziehungen haben kann, weil er immer nur seine eigenen Interessen sieht, muß man auskommen. Es gibt mit ihm aber keinen Kompromiß, weil er will, daß man sich ihm unterwirft.
Mit Psycho-Power unterwirft man sich Zwang und anderen Menschen nie, sondern man kämpft mit allen Mitteln dagegen.
Die Entscheidung, ob bei der Schule die Nachteile oder die Vorteile überwiegen, muß jeder für sich selber treffen.
Es gibt Eltern, für die mit schulischer Ausbildung verbundene Zwänge einen so großen Nachteil darstellen, daß sie ihre Kinder von Privatlehrern unterrichten lassen und sogar ins Gefängnis dafür gehen.
Zwang und Gewalt funktionieren immer nur, wenn Menschen sich davor fürchten. Auch mit Gewalt kann man andere Menschen nur vernichten, aber nie dazu bringen, sich so zu verhalten, wie man will. (Davon wird im 4. Teil noch die Rede sein): Der Schah von Persien konnte sich mit einer äußerst brutalen Geheimpolizei und einer bestens ausgerüsteten Armee nicht an der Macht halten, weil die Perser ihn nicht mehr wollten. Er verlor seine Macht an einen alten Mann, der nur mit Manipulation gegen ihn kämpfte. Daß dieser Khomeini danach zum noch schlimmeren Gewalt-Herrscher wurde, spielt keine Rolle. Wenn die Mehrzahl der Perser sich nicht von ihm manipulieren ließe, würde sie ihn wegjagen können wie den Schah.

In den Schulen haben wir es nicht mit dieser Form von Gewalt zu tun, denn keiner wird erschossen, wenn er nicht zur Schule geht. Auf den ersten Blick gehört das nicht zum Thema Schule. Aber es gehört zum Thema Zwang und Herrschaft, und man kann daraus lernen, wie man sich verhalten kann, wenn man es mit Herrschaft zu tun hat. Mit der durch die Schulpflicht ausgeübten Herrschaft sind auch für die Beherrschten eine ganze Menge wichtiger Vorteile verbunden. Deswegen fügen sich die meisten Eltern dem Schulzwang, und ihre Kinder müssen in die Schule.

Für Psycho-Power bedeutet das noch lange nicht, daß man sich den Lehrern unterwirft und immer tut, was sie wollen, sondern man wägt auch hier in jedem Einzelfall die Vorteile und Nachteile gegeneinander ab und handelt dann danach.

Was andere wollen, interessiert einen in einer Zwangsbeziehung aber nur, um herauszufinden, wie man sich am besten zum eigenen Vorteil verhält.

»Die Schule« will überhaupt nichts. Es sind immer Menschen, mit denen man es zu tun hat. Sachen und Institutionen (Anstalten) können überhaupt nichts wollen. Die Lehrer sind es, mit denen die Schüler es zu tun haben. Auch Lehrer unterscheiden sich (wie alle Menchen) gewaltig voneinander. Ich kenne eine ganze Menge Lehrer, denen die Schule mehr stinkt als manchem Schüler. Sie empfinden für »Musterschüler«, die sich ihrer Herrschaft begeistert und blind unterwerfen, nur Verachtung.

Wenn man sich für den Besuch einer Schule entschlossen hat (oder die Eltern sich dazu entschlossen haben), weil man die mit der Schule verbundenen Vorteile will, kann man alle aus diesem Schulbesuch entstehenden Folgen auf dieselbe Weise lösen wie andere Probleme: nach den Grundgesetzen der Psycho-Power, die immer prüft, was man geben soll und was man dafür bekommt. (Auch hier gilt: Jeder kann anderen etwas schenken. – Einer freundlichen Lehrerin z. B. einen Rosenstrauß zum Geburtstag. Wenn eine Klasse das macht: Psycho-Power in Vollendung!).

Im Gegensatz zu den meisten Eltern wollen durchaus nicht alle Lehrer, daß es den Schülern so gut wie möglich geht. Vielen Lehrern sind die Interessen der Schüler egal. Solchen Lehrern sind Gesetze, Be-

stimmungen und die »Ordnung« wichtiger als der Mensch: eindeutig Lehrer, die mehr dem Menschentyp 2 entsprechen.
Es gibt aber auch Lehrer, denen die Interessen der Schüler nicht egal sind und die mit ihnen so gut wie möglich klarkommen wollen. Prima, mit solchen Lehrern (und nur mit solchen!) sind auf Dauer »gute« Beziehungen möglich, weil beiden Seiten auch die Interessen der anderen Seite wichtig sind.
Mit beiden Lehrertypen hat man Beziehungen. Mit dem freundlichen Lehrer »gute«, mit dem unfreundlichen »schlechte«. Weil man in Zwangsanstalten wie der Schule unangenehmen Menschen vom Typ 2 nicht ausweichen kann, versucht man auch mit ihnen zu tauschen, aber man darf dabei keinen Augenblick vergessen, daß dieser Menschentyp immer **nur** seine Interessen sieht. Auch Schulzensuren sind selbstverständlich nicht gerecht.
Eine Klausur, die an einer Schule mit insgesamt »niedrigem Leistungsniveau« (was immer solcher Quatsch soll) mit einer Eins zensiert würde, bringt an einer anderen Schule mit »hohem Leistungsniveau« nur eine Vier! Natürlich ist das Blödsinn, denn an beiden Schulen wäre es dieselbe Klausur.
Wer mit Psycho-Power lebt, weiß so was, aber er jammert nicht darüber, sondern er verhält sich danach, ob er einen bestimmten Vorteil will oder nicht. Er überlegt, ob dieser Vorteil den mit ihm verbundenen Nachteil aufwiegt.
Ein Vorteil ist dabei immer, was wir als solchen ansehen. Auch in der Schule haben verschiedene Menschen verschiedene Interessen.
Für den Mathelehrer ist Mathe selbstverständlich das absolut wichtigste Schulfach der Welt.
Ein Schüler, der in Deutsch und Biologie und Erdkunde auf einer glatten Eins steht, kann es sich leisten, Mathematik stillschweigend für sich abzuwählen und dafür überhaupt nichts mehr zu tun. Es kommt überhaupt nicht darauf an, was Lehrer für den Vorteil eines Schülers halten. Wer nach Psycho-Power lebt, der entscheidet selbst, was für ihn von Vorteil ist und möglichst wenig Nachteile bringt.
Klar, am besten wäre eine Eins in Mathematik ohne jede Leistung, aber die Grundgesetze der Psycho-Power sprechen gegen diese Möglichkeit. Es gibt im Leben meist keinen Vorteil ohne Nachteil, und

auch eine Eins in Mathematik hat selbstverständlich ihren Preis. Wer sie nicht will, weil er sie nicht dringend braucht, der kann auch darauf verzichten.

Ganz klar: Alle Grundgesetze der Psycho-Power gelten auch für Zwangsbeziehungen wie die Beziehungen zwischen Lehrern und Schülern. Claudias Beispiel beweist, daß die wirksamsten Methoden der Manipulation auch in der Schule funktionieren können. Wo Zwang herrscht, ist es aber oft unmöglich, durch Manipulation sein Ziel zu erreichen. Selbst der freundlichste und liebevollste Mensch kann nicht immer handeln, wie er will. Wenn er ein Lehrer ist, könnte es ihm große Nachteile (Entlassung!) bringen, wenn er gegen seine Bestimmungen handeln würde, weil er sie auch für menschenfeindlichen Unsinn hält. Trotzdem manipuliert auch in der Schule jeder, so gut er kann. Wie man das macht? — Ganz klar: Man checkt wie Claudia alle Möglichkeiten der Manipulation durch und entscheidet sich für die vorteilhafteste. Wenn man es mit Zwang zu tun hat wie bei der Anordnung dieser »Friedensveranstaltung der Soldaten«, wehrt man sich mit allen Mitteln. Wer sich gegen Unterdrückung wehren will, der darf sich nicht darum kümmern, was die anderen für »gut« und »böse« halten, und er darf sich auch nicht nach ihren Spielregeln richten. Selbstverständlich lügt Claudia nach Strich und Faden, wenn sie sich vor dieser Veranstaltung drückt. Selbstverständlich wird der Lehrer diese Lüge für böse halten, denn sie richtet sich gegen seine Interessen. Bei Zwang interessieren uns die Interessen der anderen überhaupt nur, um sie besser manipulieren zu können.

Claudia handelt in einer Zwangssituation einfach nach ihrem »Gewissen«, und sie fühlt sich sehr gut dabei. (Warum sie sich gut fühlt und wie das Gewissen funktioniert, das gehört in den 4. Teil. Das Gewissen ist nicht nur in der Schule wichtig, sondern für alle Bereiche des Lebens.)

Tips für den Umgang mit den Lehrern

❶ Auch ein Lehrer ist immer zuerst ein Mensch, den man darauf abcheckt, ob er eher zum Typ 1 oder zum Typ 2 gehört. Mit Typ 1 kann man prima Kompromisse schließen, bei Typ 2 wird man solange gegen seinen Zwang und seine Menschenfreundlichkeit kämpfen müssen, bis man die Schule endlich verlassen kann.

❷ Wenn man von Lehrern etwas will, immer überlegen, ob sie überhaupt können, was man von ihnen will. Ein Lehrer kann einem Schüler auch bei noch soviel Menschenfreundlichkeit für einen »Aufsatz«, der aus drei leeren Blättern besteht, keine Eins geben.

❸ Nie etwas verlangen, was Lehrer nicht tun dürfen, wenn sie ihren Job nicht verlieren wollen.

❹ Auch hier: Psycho-Power versetzt sich immer in die Lage der anderen Seite. Welchen Vorteil hat ein Lehrer davon, wenn er tut, was man will? (Bei Schülern beliebt sein, ist für viele Lehrer ein wichtiger Vorteil, weil es ihnen das Leben einfacher macht.)

❺ Wünsche immer im richtigen Augenblick äußern.

❻ In heiklen Angelegenheiten immer nur unter vier Augen mit dem Lehrer reden! Vor Zeugen muß jeder Lehrer nicht nur korrekt, sondern überkorrekt sein.

❼ Verbündete suchen! Man kann oft den einen Lehrer gegen einen anderen ausspielen. Selbstverständlich wird man die Eltern, wie Claudia, zu Verbündeten gegen die Lehrer machen. (Das ist Manipulation einer »Autorität« durch eine andere, oft mächtigere.)

❽ Jede Menge Schüler-Power! Schüler sind nicht so machtlos, wie sie oft glauben, und Lehrer nicht so mächtig.

❾ Sich mit anderen gemeinsam gegen Lehrer wehren, aber mit Solidarität ist das so eine Sache: Die Erfahrung lehrt, daß jeden Tag Schüler (Typ 2, klar!) andere Schüler bei Lehrern anzeigen, weil sie sich davon einen Vorteil versprechen. Wer mit Psycho-Power lebt, checkt sehr genau ab, wem er vertraut.

⓾ Wenn man manipulieren will, dann nach den wirksamsten Methoden der Manipulation (s. S. 38). Überlegen, welche am besten funktionieren könnte.

⓫ Immer daran denken: Es gibt Wichtigeres im Leben als ein Spitzen-Schulzeugnis. Auch ein Zeugnis ist nur ein Stück Papier. Wer mit Psycho-Power lebt, für den sind Menschen immer wichtiger als Sachen.

Freundschaft — oder so was ähnliches wie Liebe?

Alles hat seinen Preis. Claudia hatte sich lange mit ihren Eltern über Krieg und Frieden unterhalten, und ihr Vater hatte ihr erklärt, daß Kriege zwischen den beiden großen Militärblöcken überhaupt nicht mehr möglich sind, weil danach die Erde unbewohnbar wäre. »Und weshalb geben die Staaten dann noch so viel Geld für Waffen aus, anstatt damit etwas Nützlicheres anzufangen?«
»Weil die Herrschenden herrschen wollen und die Produktion von Waffen ein riesiges Arbeitsbeschaffungsprogramm ist. Auf beiden Seiten. Rüstung ist ein riesiges Geschäft! Auf der privatkapitalistischen Seite, im Westen, werden mit der Rüstung riesige Gewinne erwirtschaftet. Auf der staatskapitalistischen Seite, im Osten, leben unzählige Militärs von der großen Militärmaschine. Davon abgesehen sind Menschen, die arbeiten müssen und darüber nachdenken, wie sie mit ihrem Einkommen über die Runden kommen, viel leichter zu beherrschen als Leute, die Zeit haben.«
»Dann ist jeder Gedanke an einen Krieg Schwachsinn!« hatte Claudia gesagt, und ihr Vater hatte ihr zugestimmt. Das war seine Meinung. Die Meinung des Autors ist es auch. Ohne daß Manipulation nötig war, hatte ihr Vater eine Entschuldigung für den Tag mit der Friedensveranstaltung der Soldaten geschrieben: »Wegen einer dringenden Familienangelegenheit, einer schweren Erkrankung eines auswärts lebenden Verwandten, bitten wir das eintägige Fehlen un-

serer Tochter Claudia zu entschuldigen.« (Ich weiß, mit Krankheit »soll man nicht spaßen«, aber das ist Manipulation von Herrschenden, die nicht wollen, daß man dieses Mittel der Lüge benutzt. Psycho-Power kämpft gegen Zwang mit allen Mitteln. Großmutter wäre auch keinesfalls gestorben, wenn Vater Claudias Abwesenheit **damit** entschuldigt hätte. Leider hat der Mensch nur zwei Großmütter, auch wenn bei Dieter Heckenschütz mindestens zwölf gestorben sind, weil er so oft die Schule wechselte, daß das nicht auffiel.
»Schade«, sagte der Geschichtslehrer. »Aber daß eine solche Sache wichtiger ist, das sehe ich ein.«
Trotzdem hatte Claudia durch ihre Abwesenheit auch einen Nachteil. Weil sie fehlte, erlebte sie nicht mit, was Schüler-Power aus dieser »Friedenserziehung« machte: Erst ging die Tür zur Aula nicht auf, weil jemand das Schloß mit Kontaktkleber verschmiert hatte, dann konnten die Lehrer sogar riechen, wie den Schülern so was stank. Eine Stinkbombe nach der anderen zerplatzte leise unter Schuhsohlen. Die Schülermitverwaltung setzte danach durch, daß auch eine Veranstaltung der Kriegsdienstverweigerer an der Schule durchgeführt werden konnte. Es war ein schwieriger Kampf mit dem Direktor, aber als man ihm das Grundgesetz (nicht der Psycho-Power, sondern der Bundesrepublik Deutschland) unter die Nase gehalten hatte, konnte er schlecht ablehnen: Manipulation einer Autorität durch eine andere, stärkere! Nur daß die Teilnahme an dieser Veranstaltung auch Pflicht für alle Schüler wurde, dazu konnte selbst die SV den Direktor nicht bewegen.
Nach dieser Veranstaltung passierte wochenlang nichts besonders Aufregendes, das allen aufgefallen wäre. Charlie überspielte für Claudia die Tonbandkassetten, und er gab sich dabei mehr Mühe, als er sich sonst gab, wenn er für sich eine Kassette überspielte. Er benutzte nich sein eigenes Tapedeck, sondern er fuhr eine Stunde lang auf dem Moped zu seinem Bruder, weil der ein besseres Tapedeck mit einer Dolby-Rauschunterdrückung hatte. Während dieser Fahrt hatte Charlie ein etwas flaues Gefühl im Magen, weil ihm sein Bruder, der verheiratet in der Nachbarstadt lebte, wie alle Menschen immer ziemlich wenig bedeutet hatte. Aber sein Bruder freute sich richtig, als Charlie vor der Tür stand: »Daß du dich mal bei uns blicken

läßt«, sagte er, »das hätte ich nie und nimmer erwartet? — Ist der Alte immer noch so stur?«
Charlie nickte: »Was willst du machen? — Sobald ich mit der Schule fertig bin, zieh ich zu Hause aus.«
»Das kann ich dir auch nur raten«, sagte sein Bruder. »Ich hab's ja nicht anders gemacht. Ich heirate doch nicht die Tochter vom Chef meines Vaters, nur weil sich der Alte Vorteile davon verspricht!«
»Was willst du machen?« sagte Charlie, »Vater ist eben so. Ich glaube nicht, daß er sich noch mal ändert.«
»Warum sollte der auch«, sagte Charlies Bruder. »Der kommt ja noch immer so durch. Mutter tut mir bloß leid.«
Charlie war es fast peinlich, als er gleich bei seinem ersten Besuch um etwas bitten mußte, aber sein Bruder verhielt sich prima. »Ich hab mir schon gedacht, daß du irgendwas willst, wenn du nach zwei Jahren zum erstenmal kommst. Aber Mutter hat mir schon erzählt, daß du dich ziemlich verändert hast.«
»Man wird ja auch älter«, sagte Charlie, und er kam sich in diesem Moment ziemlich blöd vor. Er wunderte sich nur, daß sein Bruder nach wie vor ziemlich genau darüber Bescheid wußte, was zu Hause los war. Als sein Bruder für ihn die Kassetten überspielte, erfuhr Charlie dann auch, warum: Mutter kümmerte sich nicht darum, daß Charlies Vater »für jetzt und bis in alle Zeiten« alle Verbindungen zu Charlies Bruder abgebrochen hatte. Sie besuchte ihren ältesten Sohn regelmäßig. »Vater darf davon nichts wissen. Du weißt ja, sie ist auf ihn angewiesen, weil sie keinen eigenen Beruf hat.«
Auf dem Heimweg hatte Charlie dann lange über seine Eltern nachgedacht. Wenn man es genau nimmt, hatte er sich eigentlich zum ersten Mal in seinem Leben über seine Mutter andere Gedanken gemacht als die, wie er irgend etwas von ihr kriegen könnte.
Am nächsten Tag konnte er es kaum erwarten, bis er Claudia sah. Als sie zusammen mit Elke aus der Pausenhalle kam, wollte Charlie erst nicht zu den beiden gehen, weil er die Elke für eine dumme Gans hielt, aber dann ging er doch rüber. »Ich will euch nicht stören«, sagte er. »Ich wollte dir nur die Kassetten geben, die ich für dich überspielt habe.«
Bevor Claudia was sagen konnte, fing Elke an zu reden. »Du, ich

wollte dir nur sagen, daß es mir leid tut, daß ich mich damals so blöd benommen habe. Du mußt das verstehen. Mir hat ein Typ, der genauso aussah, damals meine Handtasche geklaut, und . . .« »Ist schon gut«, sagte Charlie. »Längst vergessen. Eigentlich bin ich dir sogar dankbar.«
Das war nun wirklich übertrieben. Claudia hatte auch darüber mit Charlie gesprochen. »Ich finde die Elke in Ordnung, und ich finde dich in Ordnung, und wenn ihr nicht miteinander klarkommt, ist das euer Problem.«
Vierzehn Tage später waren sie dann zu dritt ins Kino gegangen. Die »Rocky Horror Picture Show« lief. Da sie die englische Originalfassung erwischt hatten, übersetzten die beiden Mädchen für Charlie abwechselnd die Texte. Drei Wochen später hatte Claudia gesagt, daß Charlie sie einfach zu Hause abholen sollte, und da war bei Charlie noch einmal plötzlich alles zu. »Was habe ich denn mit deinen Eltern zu tun? — Soll ich deiner Mutter vielleicht auch noch einen Blumenstrauß mitbringen?«
»Quatsch!« sagte Claudia. »Du begreifst auch gar nichts? — Ich will, daß meine Eltern dich bloß mal sehen. Dann machen sie weniger Theater, wenn ich mit dir rausgehe. Du weißt doch, wie die Alten sind!«
»Meinetwegen«, hatte Charlie gesagt, »aber du wirst dich wundern! Ich spiele doch nicht für deine Eltern Theater!«
Das brauchte Charlie bei Claudias Eltern bestimmt nicht. Obwohl er aus Protest (eigentlich ein Fehler!) extra wieder sein schwarzes geschlitztes T-Shirt angezogen hatte, schaltete Claudia sofort, als sie das verblüffte Gesicht ihrer Mutter sah. »Also gehen wir doch in die ›Hölle‹?« sagte sie blitzschnell. »Warte, dann ziehe ich mir auch andere Sachen an.« Charlie überredete Claudia danach dann, nun auch tatsächlich mit in die Funky-Disco zu gehen, und dort gefiel es ihr sogar ziemlich gut. Wenn nur die Musik nicht so schrecklich laut gewesen wäre, daß man nicht miteinander reden konnte. Aber vielleicht war das auch zwischen den beiden nicht mehr dauernd notwendig, weil jeder von ihnen immer mehr vom anderen wußte und manchmal schon ein einziger kurzer Blick genügte, um sich zu verständigen.
Als Claudias Englischlehrer ein paar Tage später wie jeden Abend

von seinem Dackel durch den Stadtpark geführt wurde, sah er Charlie und Claudia eng umschlungen auf einer Bank sitzen. Wir wissen: dieser Englischlehrer hatte ein freundliches, positives Verhältnis zu den Menschen und der Welt; er guckte so lange äußerst interessiert in eine andere Richtung, bis er an den beiden vorbei war.
Am liebsten möchte ich das auch. Wenn die Grundgesetze der Psycho-Power aber immer funktionieren, dann müßten sie das auch in jenen besonderen Beziehungen, die wir Freundschaft und Liebe nennen. Ich finde, sie sind nirgends wichtiger.

Psycho-Power in »Freundschaft« und »Liebe«

Es gibt keinerlei Unklarheiten darüber, was Eltern sind. Solange meine Eltern leben, kann ich tausendmal sagen, ich habe keinen Vater und keine Mutter mehr, es gibt sie trotzdem noch. Ich will nur nichts mehr von ihnen wissen, aber das ändert nichts daran, daß ich Vater und Mutter habe. Jeder hat Eltern, solange sie leben. (Wir haben sie sogar in unserem Kopf! s. S. 66 ff.)
Mit den Lehrern ist das schon eine ganz andere Sache. Klar, Lehrer sind in der Schule, und wir haben unsere Probleme mit ihnen, aber wenn ich jetzt Segeln lerne, habe ich einen Segellehrer, und oft lernt man am meisten von Menschen, die nicht von Beruf Lehrer sind.
Noch schwieriger wird es, wenn von Freundschaft und Liebe die Rede ist. Wer unsere Eltern sind, ist für alle Zeiten klar, und keiner kann etwas daran ändern. Selbst wenn eine Mutter ihr Kind nicht will und von einer fremden Frau adoptieren läßt, ist sie noch immer die Mutter und die andere die Adoptivmutter. Wer die Schule wechselt, hat plötzlich »neue« Lehrer und »frühere« Lehrer. Keiner hat einen früheren Vater und eine frühere Mutter. Der Vater eines Menschen kann sein echter Freund werden, aber ein Freund nie sein echter Vater.
Wen jemand meint, der von Vater und Mutter spricht, ist immer klar. Wenn einer »mein Lehrer« sagt, ist das schon unklarer. Meint er nun einen Lehrer in der Schule oder einen Menschen, von dem er sehr viel gelernt hat?

Bei Begriffen wie Freundschaft und Liebe wird es noch schwerer, den anderen zu verstehen.
»Ein Freund hat mir Tonbandkassetten überspielt«, würde Claudia vermutlich ihren Eltern erzählen.
»Unsere Claudia hat sich wohl verliebt«, würde ihre Mutter vielleicht abends ihrem Mann lächelnd erzählen.
Aber was sind Freundschaft und Liebe?
Schiller hat das Gedicht »Die Bürgschaft« geschrieben, das von einer Freundschaft erzählt. Ein Freund gibt sich als Geisel freiwillig in die Hand eines Gewaltherrschers, damit sein Freund, der hingerichtet werden soll, noch eine wichtige Sache erledigen kann. Leider verspätet sich der Freund bei seiner Rückkehr, und die Geisel wird fast hingerichtet. Als der Freund dann doch noch kommt, ist der Gewaltherrscher so von dieser Freundschaft begeistert, daß er auf die Hinrichtung verzichtet und der dritte Freund der beiden werden will. Leider hört Schillers Gedicht da auf, und man weiß nicht, ob die beiden Freunde unklug genug sind, sich auf dieses Angebot eines Menschen vom Typ 2 einzulassen. Aber ist das Freundschaft? Müßte Claudia jetzt für Charlie in den Knast gehen, wenn er beispielsweise einen Scheck fälscht? Müßte sie behaupten, den Scheck gefälscht zu haben, um ihn vor seiner verdienten Strafe zu retten?
Wenn man Schiller glaubt, müßte sie das, wenn Charlie noch eine Sache zu erledigen hätte. Andere werden sagen, daß so was keine Freundschaft mehr wäre, sondern schon Liebe.
Richtig schwierig wird es aber erst, wenn jemand sagt, er liebe seinen Hund über alles. Heißt das, daß er im Zweifelsfalle eher seinem Hund das Leben retten würde als seiner Frau? (Er hat schließlich gesagt, daß er seinen Hund »über alles« liebt.) Wer nach den Gesetzen der Psycho-Power lebt, der hat diese Probleme nicht, denn er will zu allen Menschen »gute« Beziehungen, in denen alle frei entscheiden, was sie für einen Vorteil halten. Für Menschen kann das Wohlbefinden und Glück eines anderen Menschen ein so großer Vorteil sein, daß er ihnen fast alle Nachteile aufwiegt, die ihnen entstehen, wenn sie dafür sorgen, daß es dem anderen so »gut« wie möglich geht.
Selbst die christliche »Botschaft der Liebe« sagt allerdings nur, daß man den anderen lieben soll **wie sich selbst!**

Menschen, die nach den Gesetzen der Psycho-Power leben, bestreiten nicht, daß es Freundschaft und Liebe gibt. Sie überlassen es nur jedem, zu entscheiden, was er darunter versteht.
Nur eins ist für sie wichtig: Wo auch nur die geringste Spur von Zwang in einer Beziehung zu finden ist, handelt es sich für sie nie um Freundschaft oder Liebe, sondern um Zwang. Das bedeutet nicht, daß es in Liebesbeziehungen keine Herrschaft geben kann. Wenn jemand einen Vorteil darin sieht, sich von einem anderen beherrschen zu lassen, weil er sich vor der Verantwortung für sich selber fürchtet, unterwirft er sich freiwillig. Nach den Grundgesetzen der Psycho-Power entscheidet jeder, was er im Leben will und was er dafür zu geben bereit ist.
Die meisten Menschen unterscheiden nach einem einzigen Tatbestand zwischen »Freundschaft« und »Liebe«: Wenn sie eine besonders enge Beziehung mit einem Menschen haben, die keine geschlechtliche Beziehung ist, ist das für sie Freundschaft.
Wenn sie eine besonders enge geschlechtliche Beziehung mit einem Menschen haben, ist das für sie Liebe.
Wer nach den Grundsätzen der Psycho-Power lebt, für den ist die Sache mit Freundschaft und Liebe ganz einfach:

GRUNDGESETZ DER PSYCHO-POWER Nr. 13

Freundschaft und Liebe sind besonders intensive Beziehungen, in denen nicht nur von der Vernunft bestimmt wird, was einer für seinen Vorteil oder Nachteil hält, sondern vom Gefühl.
Leider gilt dasselbe für Feindschaft und Haß. Wo das Gefühl allein bestimmt, entsteht oft ein großes Chaos, bei dem keiner mehr durchblickt.

Chaotische Tips für das Chaos der Gefühle

Wenn du einen Freund suchst, sei selber ein Freund.
Wenn du geliebt werden willst, dann liebe.
Wenn dir danach ist, dann liebe mit voller Power.
Hasse nie mit voller Power, auch nicht, wenn dir danach ist.
Wenn dir danach ist, verkaufe deine Schuhe und kaufe für das Geld deiner Geliebten Blumen, die du ihr barfuß schenkst.
Es ist allein deine Sache, was du für deinen Vorteil hältst.
Wenn dir ein Augenblick des Glücks deiner Geliebten so viel bedeutet, daß der Nachteil kalter Füße für dich belanglos ist, dann handle entsprechend. (Du wirst dir mehr als einmal kalte Füße holen, wenn du verliebt bist.)
Wenn du wirklich liebst, ist dir scheißegal, ob dein Geliebter dich auch liebt.
Wenn du Liebe haben willst, aber nicht geben, dann denk daran, daß auch in der »Liebe« meist getauscht wird.
Wenn du liebst und sogar auch noch geliebt wirst, dann gib soviel du willst und nimm, was der andere geben will, und frage nicht danach, wer mehr gibt oder nimmt, ihr bekommt beide mehr, als ihr gebt.
Wenn du nicht mehr liebst, dann erwecke auch nicht den Eindruck, als ob du noch lieben würdest.
Wenn du trotzdem so handelst, dann halte das nicht für Liebe, sondern es ist Mitleid.
Mitleid ist ein sehr edles Gefühl, bei dem man sich großartig vorkommt.
Wenn du blöd genug bist, heiraten zu wollen, nur weil du bei den Eltern ausziehen willst, dann ist das nicht Liebe, sondern Dummheit, und du wirst sehen, was du davon hast.
Wenn du jemanden nicht mehr liebst und loswerden willst, dann fange an, ihn ändern zu wollen.
Wenn du jemanden »liebst«, und der liebt dich nicht, dann schmeiß dich verzweifelt auf das Bett und heule, aber versuche dir klarzumachen, daß du bestimmt nicht aus Liebe heulst, sondern nur, weil du was haben willst, was du nicht kriegst.
Wer wirklich und wahrhaftig liebt, der müßte immer nur geben wol-

len, ohne daß er was dafür will. Wo es anders ist, ist auch diese Beziehung eine Tauschbeziehung.
Unter Liebe kann man alles mögliche verstehen, nur eins nicht: Zwang.
Liebe und Zwang sind das genaue Gegenteil voneinander. Wo das eine ist, ist nie das andere.
Wenn du einen anderen haben willst und nicht kriegst und ihn deshalb haßt, weil er von dir nichts wissen will, dann nenne deinen dummen Egoismus nicht »unglückliche Liebe«, sondern es ist schlicht und einfach Haß.
Tröste dich: der Autor kennt unzählige Menschen und hat noch nie einen Menschen getroffen, der zu selbstloser Liebe fähig gewesen wäre. Er ist es selbst auch nicht.
Glaub nie, daß zwei Liebende zu einer Einheit verschmelzen können. Wenn das wirklich gelingen würde, hätten wir es danach nur noch mit zwei halben Menschen zu tun.
Selbstverständlich wird auch in »Liebes«-Beziehungen manipuliert. Alle Methoden der Manipulation (Seite 38) funktionieren. Sei damit vorsichtig! Ich habe echte, wahre, wirkliche und absolute Liebe noch nie beobachtet oder erlebt, aber ich habe eine gewisse Vorstellung davon, was sie sein könnte:
In ihr würde keiner den anderen manipulieren, weil jeder die Wünsche und Bedürfnisse anderer für wichtiger hält als die eigenen. Wer so liebt, will nur geben. Nicht tauschen. Das Glück des Geliebten ist ihm Vorteil genug!

Manipulation in Freundschaft und »Liebe« — Die Checkliste in der Praxis

Punkt 1, Zwang und Strafe: Scheiden aus; wo Freundschaft und Liebe vorhanden sind, gibt es keinen Zwang. Unter Menschen, die sich zu lieben glauben, wird oft mit Liebesentzug gestraft. Wer damit straft, der liebt nicht, sondern er will herrschen. Wer sich damit strafen läßt, liebt auch nicht, sondern er ist abhängig.

Punkt 2, Schmeichelei: Viel besser! — Aber muß man schmeicheln, wenn man dem Freund und der Freundin sagt, daß man sie prima findet? Das kann man ihnen nicht oft genug sagen, auch wenn man nichts Besonderes von ihnen will, sondern ihnen nur etwas Freundliches sagen möchte.

Punkt 3, der Appell an die Güte: Überflüssig! Freunde wissen, daß man sie für gut hält. In wirklichen Freundschaften wird sehr selten darüber geredet.

Punkt 4, Angst: Eine schlechte Möglichkeit. Wer ein Freund ist oder liebt, will nicht, daß der andere Angst hat, sondern er will gerade das Gegenteil.

Punkt 5, Schönfärberei: Auch nicht gerade gut. Freundschaft lebt vom gegenseitigen Vertrauen, und wer einmal auf Schönfärberei reinfällt, verliert Vertrauen.

Punkt 6, die Gerechtigkeitsfalle: Unnötig. — Bei Freundschaft und Liebe bevorzugt der eine den anderen. Gerechtigkeit wäre weniger als Freundschaft und Liebe.

Und alle anderen Punkte?? Am besten ist es in Freundschaft und »Liebe« wahrscheinlich immer, dem anderen klar und offen zu sagen, was man gerne möchte. Wenn er kann und will, wird er einem zuliebe tun, was einem Freude macht, denn das ist ja gerade der Sinn von Freundschaft und Liebe.

Die beste Methode: Selber ein Freund sein! — Aber auch das ist nicht mehr selbstverständlich in einer Welt, in der mit den Begriffen so Schindluder getrieben wird, daß man schon gut und böse und Liebe in Anführungszeichen setzen muß, damit sie nicht mit dem verwechselt werden, was uns die Waschmittel-Reklame jeden Abend damit verkaufen will. Viele schotten sich völlig ab und machen sich soweit wie möglich zu, weil sie mit dieser Welt und den Menschen überhaupt nichts mehr zu tun haben wollen, aber das hilft niemandem weiter. Ihnen nicht und jenen anderen nicht, die mit ihnen etwas anfangen möchten. Menschen wie Charlie befinden sich in einem Zustand, der sie immer weiter von den anderen Menschen wegführt in immer größer werdende Einsamkeit. Man kann aber, wie wir gleich sehen werden, wie Claudia plötzlich total durcheinander geraten, weil etwas passiert, womit man nicht fertig wird. In beiden Fällen sind Psycho-Killer am Werk. Der 4. Teil befaßt sich damit, wie man mit ihnen umgeht. Man muß mit ihnen fertig werden, denn sie schwächen unsere Psycho-Power. Sie nehmen uns die Freude am Leben.

4. TEIL: WIE WIR MIT UNS SELBST BESSER KLARKOMMEN

Claudia und Charlie — Psycho-Killer greifen an

Will ein Typ wie Charlie immer nur in seinem Bett wichsen? Dazu noch mit schlechtem Gewissen, weil seine Mutter ihn mal dabei erwischt und gesagt hatte, so was machten »nur solche Schweine«, wie Charlie nun einmal eins war? — Klar, daß Charlie mit Claudia so schnell wie möglich mehr wollte als nur fummeln. Claudia war eigentlich schon glücklich, wenn sie Charlie nur küßte und streichelte, aber er hatte inzwischen ziemlich gut gelernt, wie man jemanden manipuliert. »Du liebst mich eben auch nicht richtig«, sagte er traurig (Manipulationsmethode 8, Schuldgefühle), oder er sagte, daß er sich irgendwann eine andere Freundin suchen müßte. (Das war Methode 4: Angst.) Erfolg hatte Charlie schließlich mit der Methode 10, dem Versprechen für die Zukunft: »Ich lieb dich doch!« sagte er. »Und wir bleiben doch sowieso zusammen!«

Claudia war zwar klug genug zu wissen, daß jemand selten mit dem Menschen zusammenbleibt, mit dem er zum erstenmal schläft, aber wenn irgendwo eine bestimmte Sehnsucht ganz fest in einem sitzt, dann richtet man sich oft nicht nach dem Verstand. Der Verstand schaffte es nur noch, daß sich Claudia Anti-Baby-Pillen von ihrem Arzt verschreiben ließ.

Danach überlegte Charlie, wie er seine Eltern ein paar Stunden aus der Wohnung raus kriegte. Klar, mit Manipulation! Er kaufte eine Eintrittskarte für ein Fußballspiel in der Nachbarstadt, sagte seinem Vater, er hätte sie geschenkt bekommen, dann verlief alles wie geplant. Vater nahm alles, was er umsonst bekam, und fuhr zum Fußballplatz. Kaum war aus dem Haus, zog sich auch Mutter den Mantel an und sagte, daß sie ins Kino wollte. Wahrscheinlich geht sie jetzt zu meinem Bruder, dachte Charlie, aber er war viel zu aufgeregt, um darüber nachzudenken, wie traurig die Ehe seiner Eltern war.

Er holte Claudia ab, und als sie sich ihren Sturzhelm aufsetzte, den ihr Vater gekauft hatte, war auch sie aufgeregt. Ein ganz großer Augenblick in meinem Leben, dachte sie, und als sie sich drei Stunden später in Charlies Zimmer wieder anzog, hätte sie am liebsten geheult, weil alles ganz anders gewesen war, als sie im Kino immer gesehen und in Büchern immer gelesen hatte. Mit mir stimmt etwas nicht, dachte sie verzweifelt. Drei Tage lang dachte sie an nichts anderes, dann fand sie endlich den Mut, mit Elke darüber zu reden, und Elke lachte sie fast aus. »Das geht den meisten Mädchen so, bei mir war es genauso«, sagte Elke. »Aber verlaß dich darauf, das wird sehr schnell anders!«

Wenn Elke das sagte, mußte es stimmen. Die hatte schon mit vierzehn das erste Mal mit einem vier Jahre älteren Jungen geschlafen und mit sechzehn Schlaftabletten geschluckt, als er sich mit einer anderen verlobt hatte. Inzwischen schlief sie mit jemandem, wenn beide wollten, und wenn sie nicht wollte, ließ sie den anderen abblitzen wie Charlie.

Etwa zwei Monate hoffte Claudia, daß auch bei ihr »alles sehr schnell anders« werden würde, aber das einzige, was sich änderte, waren ihre Gefühle für Charlie. Bisher hatte sie ihn gemocht und manchmal sogar geglaubt, daß sie ihn liebte. Inzwischen war sie soweit, daß sie sich immer mehr vor ihm ekelte. Charlie konnte es jedesmal kaum erwarten, bis es endlich dunkel wurde. Inzwischen kannte sie sämtliche versteckten Parkbänke fast auswendig, und sie machte sich schon Sorgen, was im Winter auf sie zukommen würde. Für so tolerant sie ihre Eltern hielt, daß Charlie in Claudias Zimmer schlief, hätten sie nie erlaubt, da hätten die gekonntesten Manipulationsversuche nichts genutzt.

»Wir schreiben dir so wenig wie möglich vor«, hatte Mutter mal beim Frühstück erklärt, »aber wir lassen uns auch von dir nichts vorschreiben. In unserer Wohnung schläfst du nicht mit Charlie, und wenn du dich auf den Kopf stellst!« Am liebsten hätte Claudia mit Charlie einfach Schluß gemacht. Aber konnte sie einfach mit einem Menschen »Schluß machen«? Sie hätte ihn jeden Tag auf dem Schulhof gesehen, und abgesehen davon: Was hätten die anderen denn gedacht?

Elke hätte sie wahrscheinlich für frigide gehalten. Frigide, das war ein Wort, das Claudia ein Vierteljahr vorher überhaupt nicht gekannt hatte. Jetzt wußte sie alles darüber, weil ihre Vernunft sie hatte in die Stadtbücherei gehen lassen, wo sie sich drei Bücher über Liebe und Ehe geliehen hatte. Einerseits hatten diese Bücher sie beruhigt. Offenbar ging es vielen Mädchen so wie ihr. Aber andererseits hatten diese Bücher sie erschreckt. Vom »natürlichen Willen zum Kind« war in einem Buch die Rede, in einem anderen hatte sie Sätze über die »Erfüllung weiblicher Sexualität in der Mutterschaft« gelesen, und seitdem kam sie sich völlig unnormal vor. Sie hatte sich ihr späteres Leben nie als Hausfrau und Mutter vorgestellt, sie hatte immer daran gedacht, Geschichte zu studieren, weil es sie interessierte, was in der Vergangenheit passiert war. Abgesehen davon: Geschichte war das einzige Fach, in dem sie einen Schnitt von 1,6 hatte. Vater war mit ihrem Plan einverstanden, weil Geschichte nichts mit Mathematik zu tun hatte. Vor einem Vierteljahr noch war ihre Hauptsorge gewesen, daß sie noch nicht wußte, was sie als zweites Fach wählen wollte. Jetzt war diese Frage völlig unwichtig für sie.
Bisher hatte sie ihre Probleme meistens allein gelöst, und wenn sie manchmal wirklich nicht gewußt hatte, was sie machen wollte, hatte sie ihre Eltern gefragt. Jetzt stand sie vor einem Problem, von dem sie ihren Eltern nichts erzählen wollte. Am schlimmsten war, daß in ihrem Kopf ein Durcheinander herrschte, wie sie es noch nie erlebt hatte.
»Du machst mit Charlie Schluß, wenn du nichts mehr mit ihm zu tun haben willst. Du kümmerst dich um dein Abi und danach um dein Studium, und damit basta!« sagte eine Stimme in ihr.
»Und was dann?« sagte eine andere Stimme. »Willst du wieder allein sein?«
»Du kannst Charlie nicht einfach vor den Kopf stoßen«, befahl ihr dann eine dritte Stimme. »Das ist ein ganz normaler Junge, der dich auf seine Weise liebt. Alle sind so oder ähnlich!«
»Was soll denn aus diesem Jungen werden, wenn du ihn verläßt?« sagte eine noch andere Stimme. »Du weißt doch, was er für eine schwere Kindheit hatte. Bei diesen Eltern!«
Mit der Kirche hatte Claudia nie viel im Sinn gehabt, deshalb redete

ihr wenigstens keine Stimme ein, sie käme in die Hölle, wenn sie Charlie einfach den Laufpaß gäbe und er sich deswegen möglicherweise umbrachte. Die Hölle war für Claudia nach wie vor eine Disco, in der Funky-Music gespielt wurde. Diese Musik konnte sie inzwischen nicht mehr ausstehen.
Am meisten setzte ihr aber eine Stimme zu, die ihr immer nur einen einzigen Satz sagte: »Du bist eben nicht normal!«
Alle Stimmen zusammen hatten eins geschafft: Claudia fühlte sich total unglücklich, und sie hatte kaum noch Psycho-Power.

Wie Menschen sind und weshalb jeder anders ist

Bisher haben wir es uns verhältnismäßig einfach gemacht. Wir haben Menschen wie Claudia und Charlie einfach Namen gegeben und sie darauf abgecheckt, wie sie sich der Welt und uns gegenüber verhalten. Das reicht auch völlig aus, wenn man entscheiden muß, ob mit einem Menschen eine Beziehung möglich ist, die beiden Seiten Vorteile bringt, oder nicht. Spätestens wenn wir in Konflikt mit uns selber geraten, ist das nicht mehr genug. Wir müssen mehr über uns (und damit über andere) herausfinden.
So verschieden Claudia und Charlie auch sind, beide haben etwas gemeinsam. Am Anfang sah es so aus, als ob beide ihr Verhältnis zur Welt, zu anderen Menschen und zu sich selber gefunden hätten.
Claudia fand die Welt prima und kam mit anderen Menschen klar. Sie kam auch mit sich selbst klar.
Charlie fand die Welt fürchterlich und kam mit anderen Menschen nicht klar, mit sich selbst auch nicht.
Bisher haben wir uns damit zufriedengegeben, daß jeder Mensch anders ist, aber spätestens, wenn wir unter Konflikten in uns selbst leiden, müssen wir herausfinden, weshalb.
Ein Teil unserer Eigenschaften wird durch unsere Erbanlagen bestimmt. Wer rothaarig ist und auch eine Großmutter mit roten Haaren hat, der weiß, wie so was funktioniert. Wer die Mendelschen Erbgesetze in Bio gelernt hat, weiß es auch. Mit diesen Eigenschaften

werden wir geborenn, und daran kann (bisher) keiner etwas ändern. Als neugeborenes Kind sind wir vollkommen auf die Hilfe anderer, meist unserer Eltern, angewiesen. Wir brauchen Nahrung und Schutz, und wir entwickeln Gefühle. Als Kleinkind wissen wir noch nicht, was geschieht, wenn wir von der Mutter Nahrung erhalten, wir empfinden nur ein gutes Gefühl. Wenn sich die Eltern streiten, wissen wir noch nicht, was da genau passiert, aber wir empfinden ein anderes Gefühl: Angst.

Irgendwann beginnt dann die »Erziehung« mit ihren Verboten und Geboten, Belohnungen und Strafen. In was für eine Welt ein Kind sich hineingeboren fühlt, das empfindet es jetzt immer mehr. Es hat keinerlei Vergleichsmöglichkeiten. Was immer ein Kind erlebt, es ist für ihn Wahrheit, und zwar seine einzige. Alles, was um den jungen Menschen herum geschieht, wird aufgezeichnet und für immer gespeichert.

Gleichzeitig kommt das Kind sich hilflos und ohnmächtig vor. Es ist von seinen Eltern abhängig und anfangs voll und ganz auf sie angewiesen. Erziehung besteht darin, daß die Eltern dem Kind sagen, was richtig und falsch ist. Wenn die Eltern dem Kind Anweisungen geben, fühlt es sich nicht in Ordnung. Auch diese Gefühle der Ohnmacht und Unterlegenheit werden für immer gespeichert.

Im Alter von zehn Monaten etwa beginnt eine neue Erfahrung: Das Kind bemerkt, daß es auch etwas selbst kann; es fängt an, ein noch schwaches aber eigenes, von den Eltern nicht mehr abhängiges Ich zu entwickeln. Wer mehr darüber erfahren will, sollte das Buch »Ich bin o. k., Du bist o. k.« von Thomas A. Harris lesen (das die von Eric Berne u. a. entwickelte »Transaktionsanalyse« sehr genau beschreibt). Für uns ist nur wichtig, daß jedes »Ich« aus sozusagen drei verschiedenen Personen besteht: Einem »Eltern-Ich«, das alles gespeichert hat, was wir von unseren Eltern erfahren haben, einem »Kindheits-Ich«, das sich noch immer klein, hilflos und immer im Unrecht fühlt, und einem »Erwachsenen-Ich«, das dauernd versucht herauszufinden, was nun wirklich Sache ist, was von den Aufzeichnungen im Kindheits-Ich und Eltern-Ich nun stimmt und in das eigene Erwachsenen-Ich übernommen werden kann. Das Ergebnis ist entsprechend: Totale Unordnung im Kopf!

Auch wenn das hier knappstens geschilderte Modell eines sozusagen dreifach gespalteten Ichs nicht die Meinung aller Psychologen ist und von manchen angegriffen wird, es erscheint mir einleuchtend. Es erklärt, warum Menschen wie Charlie die Welt und die Menschen nicht lieben, weshalb sie von jedem nur das für sie Schlechteste erwarten (und meist dann auch bekommen). Es erklärt, weshalb Menschen wie Claudia ein freundliches, positives Verhältnis zur Welt haben, und es erklärt auch, weshalb manche Menschen eher unserem Typ 1 entsprechen und andere eher unserem Typ 2.
Es erklärt sogar, weshalb Claudia plötzlich solche Probleme hat, denn die Stimmen in ihrem Kopf sind die Stimmen der verschiedenen Ichs.
Die Angst, Charlie zu verlieren: Claudias Kindheits-Ich mit seiner Angst, von einem wichtigen Menschen (Vater oder Mutter) verlassen zu werden.
Die Vorstellung, sich nicht einfach von Charlie trennen zu können, die Behauptung, alle Jungen wären so oder so ähnlich: Claudias Eltern-Ich mit seinem ständigen »Du sollst!« — Natürlich Erziehung, was denn sonst, das Eltern-Ich wird nicht nur von den Eltern programmiert, sondern von allen Autoritäten, deren Ansichten wir einfach übernehmen.
Die Schlußfolgerung ist ganz einfach: Wenn man mit sich oder mit anderen Menschen nicht klarkommt, muß man im eigenen Kopf aufräumen.

Wie man im eigenen Kopf aufräumt

Auf den ersten Blick wird es vielen jetzt am besten erscheinen, Kindheits-Ich und Eltern-Ich einfach total abzublocken und sich nur auf das vernünftige eigene Erwachsenen-Ich zu verlassen. Das ist sehr schwer, weil auch die anderen beiden Ichs Teil unserer Persönlichkeit sind, aber manche schaffen es trotzdem. Sie zahlen dafür einen sehr hohen Preis: Im Kindheits-Ich (und nur dort!) sitzen unsere

Gefühle. Im Eltern-Ich sitzt unser Gewissen. Menschen, die ihre Eltern von Anfang an so total ablehnten, daß sie kein Eltern-Ich (oder nur ein sehr schwaches) entwickelten, haben kein (oder nur ein sehr schwach entwickeltes) Gewissen. Menschen mit besonders strengen Eltern blocken mitunter auch schon sehr früh ihr Kindheits-Ich ab und unterwerfen sich dem Eltern-Ich. Wenn ein Kind immer nur Ärger und Nachteile hat, wenn es sich nach den Wünschen seines Kindheits-Ichs verhält, gibt es das manchmal ganz auf. Solche Menschen haben sehr viel Gewissen, aber auch Probleme mit ihren Gefühlen. Wo das Kindheits-Ich kaum eine Chance gegen das Eltern-Ich hatte, gibt es jede Menge Gefühle wie Scham, Reue, Verlegenheit und Schuld, aber kaum Gefühle wie Freude und Glück.
Ich meine, daß uns die Frage nach den Vor- und Nachteilen hier sehr gut weiterhilft.
Sich so weit wie möglich gegen Kindheits-Ich und Eltern-Ich in uns abzuschotten (nur auf unser Erwachsenen-Ich zu setzen), bedeutete Verzicht auf Gefühle und Gewissen, die beide sehr nützlich für ein erfülltes, glückliches Leben sein können. Sie können auch zu Psycho-Killern werden. Ich finde, es ist am vorteilhaftesten, man läßt das Erwachsenen-Ich abschecken, was Kindheits-Ich und Eltern-Ich im eigenen Kopf gerade anstellen, und dann entscheiden, wer in einer bestimmten Situation der Boß sein soll.

GRUNDGESETZ DER PSYCHO-POWER Nr. 14

Gefühle und Gewissen können sehr nützliche Verbündete unseres Erwachsenen-Ichs sein. Wenn es Krach zwischen ihnen gibt, werden sie zu Psycho-Killern. Das Erwachsenen-Ich muß entscheiden, wer dann der Boß sein soll.

Claudias Erwachsenen-Ich versucht aufzuräumen

Wer immer sofort an die drei Ichs in seinem Kopf denkt, wenn er sich nicht wohl, sondern unglücklich fühlt, der hat das Schwerste fast schon hinter sich. Sein Erwachsenen-Ich hat erkannt, daß Kindheits- und Eltern-Ich Psycho-Killer geworden sind. Es muß abchecken, wer was will, und dann entscheiden, wer der Boß sein soll.

Viele Psychologen meinen, daß das Erwachsenen-Ich immer selbst der Boß sein muß. Ich bin dagegen. Wenn man richtig verliebt ist und das Erwachsenen-Ich herrscht weiter, wird Liebe zu einer Art langweiligen Mathematik der Gefühle.

Es kann auch vorteilhaft sein, das Eltern-Ich mal eine Weile den Boß sein zu lassen. Wenn das Erwachsenen-Ich nicht über genügend Informationen verfügt, um ein Problem zu lösen, ist das Eltern-Ich oft ein guter Verbündeter.

Nur wer in einer bestimmten Situation das Sagen haben soll, muß das Erwachsenen-Ich entscheiden.

Ich bin dafür, bei jeder Entscheidung danach zu fragen, welche Folgen eine Entscheidung vermutlich nach sich ziehen wird. (Klar, **diese** Entscheidung trifft das Erwachsenen-Ich. Mit allen Informationen, die es über die Welt, die Menschen, das Leben hat.) Als Claudia begriffen hatte, was in ihrem Kopf los war, setzte sie sich mit einem Zettel in ihr Zimmer und schrieb auf, welche verschiedenen Möglichkeiten sie hatte und welche Vorteile und Nachteile mit jeder Möglichkeit verbunden waren.

Möglichkeit 1: Schnelle und klare Trennung von Charlie. Ihm einfach sagen, daß sie mit ihm nichts mehr zu tun haben wollte.
Vorteile: Sie würde nicht mehr mit einem Jungen vögeln »müssen«, was ihr keinen Spaß machte.
Nachteile: Sie wäre wieder allein. Die anderen würden wer weiß was denken.

Möglichkeit 2: Alles so zu lassen, wie es war.
Vorteile: Sie würde weiter einen »Freund« haben (die anderen wür-

den das jedenfalls annehmen, denn was wirklich los war, wußte ja keiner von ihnen). Sie würde nicht allein sein.
Nachteile: Weiter mit Charlie unglücklich sein.
In diesem Augenblick legte sie den Stift aus der Hand, denn ihr war klar, was sie machen wollte. Sofort meldeten sich ihr Kindheits-Ich und ihr Eltern-Ich.
»Du kannst Charlie nicht einfach den Laufpaß geben, der Junge wird sich was antun!« sagte das Eltern-Ich. »Du hast doch Verantwortung für ihn.«
»Ich will aber keinen Ärger mit Charlie, und ich will mit niemandem Streit!« sagte das Kindheits-ich. »Davon abgesehen, manchmal werde ich ja noch gestreichelt, und ich bin nun einmal nicht ganz normal, weil ich frigide bin. Im Grunde kann ich froh sein, daß Charlie sich überhaupt mit mir abgibt.«
Claudia guckte immer wieder auf ihren Zettel, aber der half ihr auch nicht weiter. Ihr Erwachsenen-Ich setzte sich nicht gegen die Psycho-Killer durch. Ich weiß einfach nicht, wie ich mich entscheiden soll, dachte sie. Wenn sie die in diesem Buch beschriebenen **Grundgesetze der Psycho-Power** eins nach dem anderen dúrchlesen und auf ihr Problem anwenden würde, würde sie erstaunt merken, daß sie selbst dabei helfen können, mit Psycho-Killern im eigenen Kopf fertig zu werden, denn sie sind Verbündete des Erwachsenen-Ichs. Allerdings kennen wir noch nicht alle Gesetze, das wichtigste fehlt noch:

GRUNDGESETZ DER PSYCHO-POWER Nr. 15

Dein Leben ist dein Leben, und nur du kannst entscheiden, was du willst. Jede Entscheidung ist für dich richtig. Keine Entscheidung zu treffen ist unmöglich, wie man sich entscheidet, das bestimmt, wer man ist.

Klar, werden viele beim ersten Satz denken, mein Leben ist mein Leben. Eine Selbstverständlichkeit! Mit dem zweiten Halbsatz wird es schon schwieriger.
Wir tun alle ständig, »was wir nicht wollten«. Wir gehen in die Schule, obwohl uns das nicht paßt. Wir bleiben mit Freunden zusammen, die uns längst langweilen. Manche bleiben in Berufen, die sie hassen, und mit Ehepartnern verheiratet, die sie am liebsten vergiften würden.
Wer nach den Gesetzen der Psycho-Power lebt, der geht davon aus, daß auch diese Menschen wollen, was sie tun, denn sonst würden sie sich anders verhalten. Das ist jederzeit möglich. »Ich muß auf der Schule bleiben, weil ich das Abitur unbedingt brauche. Ich werde später Medizin studieren«, sagen manche, die behaupten, sie müßten zur Schule gehen.
»Ich kann mich von Charlie einfach nicht trennen«, würde Claudia vielleicht sagen. »Ich habe mich irgendwie an ihn gewöhnt, und abgesehen davon, wenn ich es täte, gäbe es blödes Gequatsche.«
»Ich kann den Beruf nicht an den Nagel hängen. Ich habe eine Frau und zwei Kinder und gerade gebaut«, sagen Leute, die in einem Beruf bleiben, den sie angeblich nicht mehr wollen. »Ich kann mich nicht scheiden lassen, meine Kinder würden dabei vor die Hunde gehen.«
Nach den Gesetzen der Psycho-Power **wollen** diese Menschen nicht wirklich, was sie zu wollen behaupten, denn sonst täten sie es! Für sie überwiegen nur die mit einer Veränderung verbundenen Nachteile, die damit verbundenen Vorteile, und auch damit treffen sie eine Entscheidung. Es ist die Entscheidung für den alten Zustand.
Natürlich weiß das Erwachsenen-Ich, daß man einen Kuchen nicht gleichzeitig essen und behalten kann, aber das Kindheits-Ich will das oft. Es ist unsere Sache, wen von den drei Ichs wir im Leben den Boß sein lassen!
Ich behaupte auch, daß Menschen nur für sie richtige Entscheidungen treffen können.
Aus meiner Sicht würde Claudia »einen riesigen Fehler« machen, wenn sie sich nicht so schnell wie möglich von Charlie trennt. Aber wenn ich akzeptiere, daß Claudias Leben ihr Leben ist, ist es auch ihre Sache, ob sie sich nach den Wünschen ihre Kindheits-Ichs, des Eltern-Ichs oder des Erwachsenen-Ichs entscheidet. Deshalb ist es

auch Unsinn, wenn Menschen später irgendwann einmal bestimmte Entscheidungen in der Vergangenheit für »falsch« halten. Sie vergessen dann, daß eine Entscheidung immer nur von dem ausgehen kann, was man zum Zeitpunkt der Entscheidungen wissen konnte. Man kann eine Entscheidung, die man einmal getroffen hat, auch niemals rückgängig machen, aber man kann sich jederzeit neu und anders entscheiden. Auch diese Entscheidung ist dann wieder immer richtig und nie falsch. (Daß beide Entscheidungen Folgen haben und mit Vorteilen meist auch Nachteile verbunden sind, ist klar.)

Wo es keine richtigen und falschen Entscheidungen gibt, gibt es selbstverständlich auch keine »guten« und »schlechten« Entscheidungen. Es gibt auch keine »guten« und »schlechten« Menschen.

Was jeder für »gut« oder »schlecht« hält, richtet sich zum großen Teil danach, was sein Eltern-Ich darunter zu verstehen gelernt hat. Das Erwachsenen-Ich unterscheidet nur zwischen Entscheidungen, die es für vorteilhaft hält, und anderen, die es als vermutlich nachteilig betrachtet. Im Augenblick der Entscheidung **vermutet** das Erwachsenen-Ich nur, **wissen** kann es erst viel später, wenn es die Folgen einer Entscheidung wenigstens zum Teil überblicken kann.

Die meisten Menschen halten diesen Computer »Erwachsenen-Ich« mit Recht für langweilig und sehr pedantisch.

»Ich will mich spontan entscheiden können«, sagen viele. Völlig in Ordnung! Bei manchen lustbetonten Menschen heißt das im Klartext, daß sie ihr Kindheits-Ich spielen lassen wollen. Wer nach Psycho-Power lebt, der sagt dazu nur: Wunderschön, soll er doch glücklich spielen, wenn er will!

(Unser neidisches Eltern-Ich sagt über solche Menschen oft: »Der wird halt niemals erwachsen. — Meinst du nicht, daß der sich ein bißchen kindisch verhält?«)

»Ich treffe meine Entscheidungen immer nach meinem Gewissen«, sagen viele.

Auch völlig in Ordnung! Bei vielen pflichtbewußten Menschen heißt das im Klartext, daß sie ihr Eltern-Ich bestimmen lassen wollen. Wer nach Psycho-Power lebt, der sagt dazu: Wunderschön, soll er doch seine Pflicht tun, wenn er will!

(Unser spöttisches Kinder-Ich sagt über solche Menschen oft: »Die-

ser Blödmann gönnt sich auch kein bißchen Spaß in seinem Leben.«)
Psycho-Power sagt: Der Mensch ist frei! Der Mensch kann sich in jedem Augenblick entscheiden, wie er will.
Keiner ist für alle Zeiten so, wie er jetzt ist, sondern jeder schafft sich durch seine Entscheidungen jederzeit neu, und er bestimmt damit, wer er sein will.
»Und wenn jemand immer so bleibt, wie er jetzt ist?« werden sich manche jetzt fragen.
»Dann entscheidet er sich dafür«, sagen die Gesetze der Psycho-Power, »weil er das so will! — Sein Leben ist sein Bier.«

Du kannst tun, was du willst, und dich jederzeit ändern — Tips für den Umgang mit dir selber

❶ Wenn du nicht gerade im Gefängnis sitzt, weil du so unklug warst, das Strafgesetz zu übertreten, oder in einer Irrenanstalt, weil sich die anderen vor dir fürchten, kannst du jederzeit tun und lassen, was du willst.

❷ Du kannst den Kuchen niemals gleichzeitig aufessen und ihn behalten. Du kriegst nie eine Sache und gleichzeitig ihr genaues Gegenteil.

❸ Außer dem Problem mit dem Kuchen kannst du alles! Sage nie, »ich kann Mathematik nicht«. Die Wahrheit ist, daß du nichts dafür tun willst.

❹ Du kannst grundsätzlich alles kriegen und erreichen, wenn du bereit bist, die damit verbundenen Nachteile hinzunehmen.

❺ Für Leute, die auf viel Geld stehen: Du kannst in spätestens drei Jahren Millionär sein, wenn du alles tust, was du dafür tun kannst. Betrüge und manipuliere, denke Tag und Nacht immer nur an das Ziel, Millionär zu werden, und mach alles, was du dafür nun mal tun mußt. Du wirst viele Menschen betrügen müssen, du wirst wenig Freude im Leben haben, von keinem geliebt werden, aber von vielen, gehaßt. — Du willst nicht? In Ordnung, ich auch nicht. Aber wenn wir den Preis zahlten wollten, könnten wir beide!

❻ Für Leute, die gute Freunde haben wollen: Du wirst in kürzester Zeit so viele Freunde haben, wie du willst, wenn du freundlich und selber ein guter Freund bist.

❼ Du willst geliebt werden? — Nichts einfacher als das. Verhalte dich so, daß die anderen dich lieben.

❽ Du hast Schwierigkeiten, mit Menschen klarzukommen? Du »hast« die Schwierigkeiten nicht, sondern du hast dich aus irgendeinem Grund dafür entschieden. Von nichts kommt nichts. Benimmst du dich eher wie unser Typ 2? — Dann wundere dich nicht, wenn die meisten nichts mit dir zu tun haben wollen (ich auch nicht). Aber du bist Typ 2 nur, weil du dich bisher dafür entschieden hast. Fang sofort an, auch an die Interessen anderer zu denken, und überlege, was beiden Seiten was bringen könnte. Am Anfang werden sie dir nicht trauen, aber in einem halben Jahr wirst du mit Menschen klarkommen.

❾ Du hast Probleme mit Psycho-Killern, weil deine Eltern unerträglich / nicht da / asoziale Verbrecher waren? — Von allen erwähnten Problemen ist das am schwersten zu lösen. Aber es ist zu lösen! Verlaß dich auf dein Erwachsenen-Ich und versuche, als Erwachsener noch nachträglich einen Vater oder eine Mutter zu finden. Solche Väter (oder Mütter) nennt man Therapeuten. Wenn du Glück hast, findest du einen, der sich für dich entscheidet, wenn du Pech hast, entscheidet er sich nur für Geld, das ihm sein Reparaturversuch einbringt.

❿ Wenn jedes deiner drei Ichs bestimmen will, laß das Erwachsenen-Ich entscheiden, wer in einer bestimmten Situation der Boß sein soll! Laß dein Kindheits-Ich spielen, sooft du willst, damit es das nicht verlernt.

⓫ Du entscheidest dich, auch wenn du dich nicht entscheidest. Entweder du entscheidest dich dann für das alte, oder du überläßt es anderen, die Entscheidungen für dich zu treffen. Sie treffen sie, indem sie für sich entscheiden.

⓬ Du kannst alles jederzeit ändern, aber keiner kann dich ändern. Das kannst du nur selber, wenn du willst.

⓭ Keiner »ist« so, wie er ist, sondern er entscheidet sich in jedem Augenblick dafür. Das verstehst du nicht — Du bist kein Mörder? — Du brauchst dich nur dafür zu entscheiden, jemanden umzubringen, schon bis du einer. (Der damit verbundene Nachteil ist in den USA der Elektrische Stuhl, in der BRD lebenslänglich.)

Die gefährlichsten Psycho-Killer und wie man sie »manipuliert«

Wer mit Psycho-Killern klarkommen will, muß auch hier zuerst abchecken, mit welcher Art von Psycho-Killern er es zu tun hat, um dann genau die richtige »Manipulations-Methode« einzusetzen. Zuerst müssen wir uns daran erinnern, daß es auch bei Psycho-Killern zwei Sorten gibt. Fast so wie bei den Menschen-Typen 1 und 2. Viele Psycho-Killern ärgern nur unser Erwachsenen-Ich, weil es, wie jeder Computer auch, sozusagen programmiert ist und seine Programmierer nicht immer unsere Interessen im Auge haben, sondern ihre.

Wenn ein Mann im Krieg gegen andere kämpfen soll, hat er Angst. Sein Kindheits-Ich ist sehr dafür, das nicht zu tun. Es will nämlich leben, und zwar in Frieden.

Das Erwachsenen-Ich prüft alle Informationen durch, die es hat. Im Krieg kommen viele Menschen um. Fahnenflucht wird schwer bestraft. Das Eltern-Ich sagt, man müsse immer seine Pflicht tun. Wer mit Psycho-Power lebt, der wägt jetzt auch die Vorteile und Nachteile gegeneinander ab, und er läßt das Erwachsenen-Ich entscheiden, wer in dieser Situation der Boß sein soll.

Was jemand für seinen Vorteil hält und welche Nachteile er dafür in Kauf nimmt, das ist seine Sache.

Wenn er sein Kindheits-Ich dem Eltern-Ich (und seinem Einfluß auf das Erwachsenen-Ich) die Zunge rausstrecken läßt und in ein neutrales Land flüchtet, für den war die Angst, die das Kindheits-Ich pro-

duzierte, kein feindlicher Psycho-Killer, sondern ein sehr freundlicher Verbündeter.
Deshalb ist es bei Psycho-Killern immer nützlich nachzuprüfen, was sie wollen und was nicht.
Gefühle können sehr hilfreich sein. Es ist unklug, sie immer abzublocken und sich nach dem Erwachsenen-Ich zu richten. Wer nach den Grundsätzen der Psycho-Power lebt, weiß, daß er sich auch entscheiden kann, ob er ein Gefühl zulassen will oder nicht. Auch Gefühle sind Gedanken. (Das kann die neueste amerikanische Gehirnforschung beweisen!) Gefühle fallen nicht vom Himmel. Sie sind nicht plötzlich da, sondern entstehen durch das Zusammenspiel der drei Ichs in unserem Kopf.
In unserer Gesellschaft unterliegt das Erwachsenen-Ich ständig manipulierenden Einflüssen. Andere Menschen wollen es durch direkten Einfluß (z. B. das Gespräch) oder durch Medien dazu veranlassen, in ihrem Sinne zu handeln. Wenn sich Kindheits-Ich oder Eltern-Ich dagegen wehren, empfinden wir das oft als Gefühl oder Gewissen. Beide können durchaus in unserem Interesse etwas »wollen«, und es wäre zu unserem Nachteil, jetzt immer das Erwachsenen-Ich die Gefühle oder das Gewissen abblocken zu lassen. Es ist sehr gut, daß das Erwachsenen-Ich nicht immer automatisch das stärkste Ich ist. Wer mit Psycho-Power leben will, checkt deshalb als erstes jedes Gefühl ab, ob es ein nützlicher Verbündeter oder ein Psycho-Killer ist. Wenn ein Gefühl nützlich für uns ist, können wir es zulassen und sogar noch verstärken, wenn wir ihm gemäß handeln. Wenn jemand liebt und für den geliebten Menschen »alles mögliche« tut, wird seine Liebe immer größer.
Genauso können wir Gefühle, die schädlich für uns sind, abblocken und damit abschwächen, bis sie fast ganz verschwinden.
Auch »Gefühle« und »Gewissen« sind gelernt, und was man gelernt hat, kann man auch wieder verlernen, wenn man es will. Das ändert nichts daran, daß Gefühle sehr »fest sitzen«.
Wer zu dem Ergebnis kommt, daß es ihm schadet, wenn er sich einem Gefühl folgend verhält, verliert es, wenn er gegen dieses Gefühl handelt.
Die meisten von uns wissen das. Wer Angst davor hat, in ein

Schwimmbecken zu springen, dessen Angst wächst mit jedem Mal, bei dem er ihr nachgibt.
Wer seine Angst abblockt und das Erwachsenen-Ich entscheiden läßt, doch zu springen, weil ein Schwimmlehrer am Beckenrand steht, dessen Angst wird jedesmal geringer.
Das gilt für sämtliche Gefühle. Es gilt für Eifersucht, Liebe und Haß, es gilt für Mitleid und Gier, für Scham, es gilt einfach immer. Es gilt auch für das sogenannte »Gewissen«.
Wenn ein Mensch immer gegen sein Gewissen handelt, wird das Gewissen immer schwächer und leiser, bis es schließlich ganz verstummt. Bei jedem Gefühl können wir unserem Erwachsenen-Ich helfen und es stärken: Jede Menge Information — dann ihr gemäß handeln. Wie man das machen kann, erkläre ich am besten am Beispiel einiger gefährlicher Psycho-Killer.

❶ Die Angst, ein Versager zu sein, der nie etwas im Leben erreichen wird: Ist das ein nützliches Gefühl, das mir hilft? — Zweifellos nicht, denn es ist destruktiv, es schwächt mich. Also: mit voller Power dagegen!
Zuerst jede Menge Information: Wo kommt das Gefühl her? Wahrscheinlich aus dem Kindheits-Ich, das mir einreden will, ich wäre noch immer so schwach und hilflos wie als Kind. Bin ich das noch? Zweifellos nicht! Welche Folgen hätte es, diesem Gefühl nachzugeben? — Die Folge, daß ich mich nicht mehr anstrenge, nichts mehr zu erreichen versuche, denn ich bin ja ein Versager! Will ich diesem Gefühl nachgeben? Wenn nicht: genau das Gegenteil von dem tun, was das Gefühl will. Sich gerade anstrengen, und mit jeder Anstrengung wird das Gefühl geringer! Und wenn ich trotzdem nie was schaffe? — Dann strenge ich mich für mein Ziel nicht genug an, weil ich etwas anderes will. Ich habe mich für etwas anderes entschieden. Davon einmal abgesehen: Der Fuchs, der die Weintrauben nicht bekam und sie für sauer erklärte, hatte unheimlich viel Psycho-Power, denn er hörte auf, für sich zu wollen, was er nicht kriegen konnte. Auch für einen klugen Fuchs ist die Welt, wie sie ist. Er hört auf, gegen Tatsachen anzukämpfen, und er entscheidet sich einfach für etwas, das er erreichen kann.

❷ Reue, weil man falsch gehandelt hat: Ein nützliches Gefühl? Nein, denn es hilft mir nicht, sondern schwächt mich. Kann ich durch Reue etwas an der Vergangenheit ändern? — Nein. Was vergangen ist, ist vergangen, und zweitens war die Entscheidung (wie jede) zu dem Zeitpunkt, als ich sie traf, für mich richtig. Also mit voller Kraft gegen diese unnütze Reue ankämpfen! Neue Entscheidungen treffen, die meinem heutigen Wissensstand entsprechen. Wenn ich damals nicht wußte, daß ich durch eine Entscheidung jemanden schädigte: nichts hindert mich daran, mich das nächste Mal in einer ähnlichen Situation anders zu entscheiden. Ich kann dem Geschädigten einen Vorteil gewähren, wenn ich das will, ich kann manchmal Schadensersatz leisten, ungeschehen machen kann ich durch Reue nichts!

❸ Minderwertigkeitsgefühle: Sind immer Psycho-Killer. Die gefährlichsten! Sie nützen nie und schaden immer. Mit jeder Menge Information voll dagegen an! — Gibt es minderwertige Menschen? Wer bestimmt, wann jemand minderwertig ist und wann nicht? Jeder Mensch hat Stärken und Schwächen. Wenn ich Minderwertigkeitsgefühle empfinde, spielen meist Kindheits-Ich und Eltern-Ich miteinander, und dagegen kann ich mein Erwachsenen-Ich stärken! Ich werde nie eine Freundin finden, weil ich Akne habe und deswegen häßlich bin? Das Minderwertigkeits-Gefühl will, daß ich es gar nicht versuche, auf Menschen zuzugehen. Mit jedem Male, wo ich gegen mein Minderwertigkeitsgefühl handele, wird es schwächer.

Wer sich jetzt noch einmal die wirksamsten Methoden der Manipulation ansieht, wird überrascht feststellen, daß sie sich verwandeln, wenn sie im Gehirn anderer Menschen für uns zu wirken anfangen. Wirksame Manipulationsmethoden sind für den Manipulierten oft gefährliche Psycho-Killer.

Was wir als »unsere« Gefühle ansehen, kann sich als der Geheimagent der Interessen anderer in unserem Kopf erweisen. Auch die Entscheidung, welche Gefühle man abschwächen und welche man verstärken will, ist eine Enscheidung, für die das Gesetz aller Entscheidungen gilt: Man entscheidet sich immer. Welche Entscheidung man trifftt, das bestimmt, wer man ist. Das nennen manche Charakter. Wer mit sich und anderen klarkommt, hat keinen Grund, sich in dieser Sekunde anders zu entscheiden als bisher.

Wer mit sich und anderen nicht klarkommt und das ändern will, kann in dieser Sekunde damit anfangen!

Claudia und Charlie — Vorläufiges Ende einer Geschichte

Claudia traf sich noch zweimal mit Charlie und beobachtete ganz genau, wie sie sich fühlte. Beim ersten Mal wollte er sie wieder auf der Parkbank rumkriegen. Das lehnte sie mit der Begründung ab, daß es inzwischen zu kalt sei und sie sich keine Nierenbecken-Entzündung holen wolle. »Du liebst mich halt nicht richtig«, sagte Charlie. Er versuchte sie erst durch seine Traurigkeit zu manipulieren, dann über ihre Angst, aber beides wirkte nicht mehr. Traurig war sie inzwischen selber, und mit ihrer Angst, die mehr mit ihr zu tun hatte als mit Charlie, kämpfte inzwischen Claudias Erwachsenen-Ich mit seiner Methode: Es besorgte sich so viele Informationen, wie es nur bekommen konnte, und manipulierte mit der besten Methode, die es gegen Angst gibt, dem Gedanken an die schlimmste Möglichkeit.
»Die Wahrscheinlichkeit spricht dagegen, daß ich frigide bin, und wenn ich es wirklich sein sollte, muß ich damit leben«, sagte ihr Erwachsenen-Ich ständig ihrem Kindheits-Ich und dem Eltern-Ich. Die wollten davon nichts hören.
Beim zweiten Treffen hatte Charlie die Schlüssel zur Wohnung seines Bruders, der zum Skilaufen gefahren war, und da sagte Claudia einfach zu Charlie: »Ich will nicht mehr, und ich fahre nicht mit.«
»Dann mach ich Schluß«, sagte Charlie.
»Ist in Ordnung«, sagte Claudia. »Ich will auch nicht mehr.«
Sie wollte aufstehen und gehen, aber Charlie hielt sie fest. Als er sie küssen wollte, riß sie sich los und rannte weg, so schnell sie konnte. Bloß gut, daß ich nicht mit in die Wohnung gefahren bin, um noch mal über alles zu reden, aber davor hatte ihr Eltern-Ich sie gewarnt. Eine Woche lang machte besonders nachts noch ihr Kindheits-Ich Theater und ließ sie heulen, aber dann gewann das Erwachsenen-Ich

die Oberhand gänzlich und schickte das Kindheits-Ich in Ferien. Es waren lange Ferien. Zwei Jahre später lernte Claudia an der Uni einen Studenten kennen, der ganz anders war als Charlie. Der wohnte in einem Studentenheim, ging sehr sorgfältig mit sich und anderen um. Er schloß die Tür seines Zimmers einfach ab und ließ den Schlüssel von innen stecken, als Claudia bei ihm war und sie sich geküßt hatten. Vielleicht habe ich nur Angst gehabt, dachte Claudia am nächsten Morgen, daß Charlies Eltern uns in der Wohnung erwischen oder irgendein Spanner im Park zuguckt.
Für falsch hielt Claudia ihre Trennung von Charlie trotzdem nicht. Ein Jahr später wollten alle drei Ichs des Studenten übrigens heiraten, aber Claudias Kindheits-Ich wollte nicht. Ihr Eltern-Ich wollte unbedingt. Claudia Kindheits-Ich fand, daß es in einer Zweizimmerwohnung mit BAFöG und womöglich bald einem Kind nicht mehr genug spielen könnte, und diesmal ließ ihr Erwachsenen-Ich das Kindheits-Ich gewähren, weil es ihm recht gab.
Charlie heiratete übrigens ein Jahr nach dem Abitur die Elke. Er studiert nicht, sondern er wird Bäcker, weil die beiden später mal das Geschäft ihrer Eltern übernehmen sollen. Vielleicht werden sie das, vielleicht auch nicht. Jeder kann jeden Augenblick auf die Idee kommen, sich ganz anders zu entscheiden. Deshalb ist das Leben großartig. Was jemand genau aus seinem Leben gemacht hat, weiß man immer erst, wenn er tot ist. Und der Tod ist nicht das Thema dieses Buches. Davon abgesehen: er ist zu 100% Typ 2!

Psycho-Power und die Suche nach Hilfe

In einem Buch, das die wichtigsten Grundlagen des Zusammenlebens von Menschen vermitteln und dabei helfen will, mit anderen und sich selbst besser klarzukommen, darf nicht unterschlagen werden, daß der Einsatz von Strukturmethoden für den Umgang mit sich und den anderen eine im Kern gesunde, lebens- und durchsetzungsfähige Persönlichkeit voraussetzt. Die Welt ist, wie sie ist: Zu den Tatsachen der Wirklichkeit gehört, daß durch vielfältige Einflüs-

se in unserer Gesellschaft zahlreiche Menschen so beschädigt sind, daß sie die für ein Leben (das immer ein Zusammenleben mit anderen ist) erforderliche seelische Kraft nicht oder nicht mehr aufbringen.
In jeder Gesellschaft gibt es Menschen, deren Verhalten von dem der Mehrheit erheblich abweicht. Wir nehmen mit unseren Sinnesorganen nur in einem sehr geringen Umfang wahr, wie die Welt wirklich »ist«. Was wir für Tatsachen über die Beschaffenheit der Welt halten, ist zum größten Teil eine stillschweigende Übereinkunft, das Ergebnis von Lernprozessen von frühester Kindheit an. Auch wenn ich der Ansicht bin, daß es »Engel« und »Dämonen«, deren Stimmen manche Menschen zu hören behaupten, nur innerhalb ihrer inneren, psychischen Wirklichkeit gibt, ist das nur meine Meinung, und es gibt keinen Beweis für diese Meinung. Spätestens wenn solche Stimmen einem Menschen mit Erfolg befohlen haben, jemand anderen umzubringen, wird er in unserer Gesellschaft als Geisteskranker in eine »Heilanstalt« gebracht; im allgemeinen aber schon dann, wenn er sich oder andere gefährdet, wenn sein Verhalten zu stark vom Verhalten der anderen abweicht. Ein (sehr geringer) Teil dieser »Geisteskrankheiten« hat mit den Methoden unserer heutigen Medizin klar erkennbare Ursachen. Es gibt angeborene oder (z. B. durch Unfälle) erworbene Gehirnschäden. Es gibt auch Störungen in der »Chemie« des Gehirns, die zu einer veränderten Wahrnehmung von »Wirklichkeit« führen. Durch manche Drogen kann man das von Kindheit an gelernte Bild von der »Welt« auch so durcheinanderbringen, daß der Konsument von Drogen die »Welt« völlig anders wahrnimmt als ohne sie.
Neurologen haben mir erklärt, daß die Wissenschaft sehr wenig über die Arbeitsweise des Gehirns weiß und es auch hier viele verschiedene Meinungen gibt, die sich gegenseitig widersprechen, und die Forschung ständig neue Einsichten gewinnt, die von noch neuerer Forschung widerlegt werden.
Halten wir uns deshalb an die Tatsachen: Wer in unserer Gesellschaft die Welt so sehr abweichend von der Mehrheit wahrnimmt (oder sich erklärt), daß er sich und/oder andere gefährdet und/oder mit ihm ein Mindestmaß an Verständigung nicht mehr möglich ist, der wird in der Gesellschaft auf eine Art Isolierstation gebracht. Dort, in der

»Nervenklinik« oder im »Landeskrankenhaus«, kann man ihm manchmal »helfen«. Manche Störungen der Gehirnchemie lassen sich durch Medikamente, z. B. Lithiumsalze, tatsächlich beheben. Oft wird der »Kranke« aber mit Hilfe von Chemikalien nur »ruhiggestellt«. Er wird so betäubt, daß er möglichst wenig stört.

Neben diesen von der Norm abweichenden »Geisteskranken« gibt es »seelisch Kranke«. Auch hier gibt es die verschiedensten Auffassungen darüber, was seelische Krankheit ist und wodurch sie entsteht. Auch hier sind die Grenzen zwischen »Krankheit« und »Gesundheit« fließend. Wir Menschen leben nicht im Zustand immerwährenden Glücks, sondern wir leiden vielfach. In unserer Gesellschaft wird meist für »seelisch krank« gehalten, wer die Hilfe anderer sucht, weil er mit sich und den anderen nicht mehr klarkommt und darunter leidet, sich und andere aber nicht gefährdet. Hier bietet unsere Gesellschaft verschiedene »Hilfen« an, die sowohl Anhänger wie Gegner haben.

Ärzte, die einem »seelisch Kranken« Medikamente (meist Tranquilizer, z. B. Valium, Nobrium, Lexotanil usw.) verschreiben, wollen auf diese Weise »helfen«.

Psychologen versuchen durch die verschiedensten »Therapien« zu »helfen«. Neben Psychologen der verschiedensten Richtungen bieten seit altersher die unterschiedlichsten Religionen und Sekten (auch was »Religion« und was »Sekte« ist, hängt vom Standpunkt des Betrachters ab! Für den Sekten-Anhänger ist seine Sekte die einzig richtige Religion — für ihren Gegner ist Religion des anderen Sekte) »Hilfe« und Wege der Befreiung vom seelischen Leiden an.

Auch hier, wo es um subjektives Leiden geht, kann der Autor dieses Buches nichts daran ändern, daß die Welt so ist, wie sie für den in ihr Lebenden ist. Wem Tranquilizer »helfen«, wird sie schlucken, so lange er sie verschrieben bekommt, und wenn er dadurch drogenabhängig geworden ist, wird er versuchen, davon wieder loszukommen.

Wer sich bei Inanspruchnahme einer Therapieform oder einer Religion oder Sekte besser fühlt als ohne sie, wäre dumm, würde er darauf verzichten. Es wäre aber genauso dumm anzunehmen, daß in solchen Fällen der Therapeut »helfen« kann, sondern er kann bestenfalls Methoden aufzeigen, mit denen man sich selbst helfen kann. Ob jemand nachteilige Verhaltensweisen durch Psychoanalyse, Gesprächstherapie, Encounter, Urschrei, Gestalttherapie, Transaktionsanalyse, Meditation, Rebirthing, Rolfing oder Reincarnation zu überwinden versucht, bleibt letztlich belanglos, sofern er mit Hilfe dieser Krücken sein Verhalten ändert. Jene sich therapiebedürftig fühlenden Zeitgenossen, die ständig von einer Therapieform zur nächsten wandern und nach Drogenkonsum, Transzendentaler Meditation, Rebirthing und Reincarnation inzwischen beim lächelnden Weisen in Oregon gelandet sind, sollten sich allerdings (wenn sie Lust dazu haben) irgendwann einmal fragen, ob sie wirklich Verhaltensweisen ändern wollen oder aber sich nur für so interessant und wichtig halten, daß es ihnen Spaß und Freude bereitet, wenn sich andere mit ihnen beschäftigen. Keiner muß so sein, wie er ist, und jeder hat jederzeit die Möglichkeit, sich dafür zu entscheiden, sein Verhalten zu ändern. Man kann sich selbstverständlich statt dessen auch für Therapien entscheiden. Sie können ein Weg dazu sein, sich zu ändern, wenn man sich ändern will. Sie können nie die eigene Entscheidung ersetzen, denn es gibt keine für alle richtige einzige Antwort auf die Grundfragen des Lebens.

QELLENHINWEISE, LITERATUR

Nichts interessiert den Menschen mehr als der Mensch. Wer beim Lesen dieses Buches neugierig geworden ist und mehr darüber lesen will, der findet eine kaum noch zu überblickende Fülle von Büchern zum Themenkreis. Am besten, er sieht in einer öffentlichen Bibliothek unter den Stichworten »Psychologie« und »Lebenshilfe« nach. Dort findet er neben wissenschaftlicher, oft nur schwer verständlicher Literatur auch nicht-wissenschaftliche. Letztere hat den Vorteil, daß man sie auch ohne Psychologiestudium verstehen kann.
Fast jeder Autor vertritt andere Auffassungen, und das ist richtig so. Die Ansichten der Menschen sind nun einmal verschieden. Wenn man sich von einem Buch nicht manipulieren lassen will, muß man möglichst viele verschiedene Bücher zu einem Thema suchen.
Der Autor hat während der Arbeit am vorliegenden Buch hauptsächlich Freud, C. G. Jung, Eric Berne und Erich Fromm gelesen. Janovs »Urschrei« auch. Viel Spaß haben ihm die Erfolgstips neuerer amerikanischer Kollegen bereitet. Bei Robert J. Ringer (»Looking Out for 1«, »Winning Through Intimation«) und David J. Schwartz (»The Magic Of Selfdirection«, »The Magic Of Getting What You Want«) hat er oft lachen müssen, bis ihm die Tränen kamen, und das ist nicht das Schlechteste, was man über ein Buch sagen kann.
Aus der Fülle der Literatur empfiehlt der Autor nur vier Taschenbücher:

1. Erich Fromm, Die Kunst des Liebens
2. Wayne W. Dyer, »Der wunde Punkt — Die Kunst, nicht unglücklich zu sein«
3. Julius Fast, »Körpersprache«.
4. Thomas A. Harris »Ich bin o.k. — Du bist o. k.«

(Dyers »The Sky 's The Limit« ist noch nicht ins Deutsche übersetzt.)

Das Programm für Schüler Schummler und Studenten

Es feixen die Schüler, und die Älteren erinnern sich.
5,— DM (1928)

Frech wie Rotz, die neuesten Sprüche aus dem Schulalltag.
5,— DM (1941)

Schummeln total
Das ist Schummeln total. Neue Tricks für Fortgeschrittene. Chemie, Taschenrechner, Homecomputer, Sender und Empfänger werden angewandt und wissenschaftliche Testverfahren übertölpelt. Dazu Mogelgeständnisse Prominenter. — Kaufen und ausprobieren!
10,— DM (1033)

Spick dich durch
Jede Menge Zoff / für Studienrat und Prof. Erste, einzige und ausführliche Anleitung zum Schummeln, Spicken und Vortäuschen von Prüfungswissen. Ein Buch, das jeden Notendurchschnitt sprunghaft verbessert. Listig, lustig, raffiniert. Schülerfreundlicher Preis: **10,— DM** (1024)

Schüler-Power
So werden Lehrer auf Trab gebracht! Jede Menge Tips, Hinweise, Handlungsanleitungen, Strategien und Gemeinheiten, wie man dumpfautoritäre Lehrkörper unter Streß setzt. **Das Lehrbuch für die effektive Schüler-Notwehr; nur 10,— DM** (1030)

Kids kriegen recht
Lehrer, Eltern, Chefs, Hauswirte ecetera denken, du bist blöd. Von wegen! Kohle von den Eltern, anständige Noten, geile Kleidung, Ausgang nach Lust und Laune — hol sie dir. Du hast massig Rechte. Welche? Nachschaun! Hier! **10,— DM** (1035)

Volkssport? Nonsens? Gag?

Ein Tip an Englisch-Lehrer: Diese Bücher in den Unterricht — und die Leute hören wieder zu.
Und **ein Tip fürs Kanzleramt:** Sogar Kanzler Kohl versteht den einen oder anderen »Runaway« — weil er für den »Fortschritt« ist. Weil er sonst eh kein Englisch mehr lernt. Damit ist selbst Reagan zu verblüffen! Nachmachen, Leute; make it after!

Super-Gag-English
This kitchen-english is strong Tabacco. Aus Tausenden von Einsendungen sind hier die besten Übersetzungs-Gags zusammengestellt. Tolle Zeichnungen und jede Menge Stoff zum Lachen — zu Hause und im Büro. **10,— DM** (1817)

Gag-Englisch
Die Kunst der Englisch-Verballhornung greift epidemisch um sich. Wir liefern das erste Buch zur neuen Seuche; mit den besten Gags und vielen Zeichnungen. — Los geht's: Laden Sie Ihre Freunde zur »Gockel-Schwanz«-Party (Cocktail) mit »super fire« (mords Brand) ein! **10,— DM** (1810)

Top-Zeichner Rauschenbach

Welchen Grund gibt's wohl, daß wir schon No. 3 mit ihm abfahren? Der Erich ist Spitze!

Gezeichnete Drudel von Rauschenbach, die erotische Rätsel aufgeben. **5,— DM** (1942)

Da lacht die Scene
Der alltägliche Wahnsinn treibt die Lachtränen aus den Augen, wenn Rauschenbach sich mit seinen Karikaturen drüber hermacht. Der Zeichner aus der Scene liefert hier sein Bestes. **Mit detailliertem Verhandlungsszenario zur Anbahnung des Beischlafs:** Trotzdem nur **10,— DM** (1809)

Total verkalkt
Bis die Alten was schnallen, ist so'n Teeny dem Zusammenbruch nahe. Echt! — Lustige Bildgeschichte hart an der Realität. Jeder Streich ein Volltreffer — und Zeichner Rauschenbach in Top-Form. Für **nur 10,— DM** hilfst Du dem Pappi auf's Fahrrad. (1812)

Nichts klappt! Bild ist quer statt hoch. Also dreh's rum!

Scharf wie Rettich
Die Welt ist wüst, und die Wüste lebt, — Von den »Berichten aus dem Jammertal« (1. Kapitel) bis zu den »Trieben der Liebe« (8. Kapitel) ist Gerd Bauers gezeichnetes Buch scharf wie Rettich. »Echt geil!«, schreibt die Scene-Presse. **10 DM** (1815)

Pflüg's Universum
Malochen sollst Du überall. Beim Öko-Bauern genauso wie im cleanen High-Tech-Unternehmen. Die absoluten Hits auf diesem Gebiet erlebt Toni auf seiner abenteuerlichen Reise zwischen Scholle und Weltraum. — Comic-Cartoon in Vollendung! Gezeichnet von Gerd Bauer. **Interplanetare 10,— DM** (1813)

Schnellkurs: Geschichte
Das ist deutsche Geschichte im Schweinsgalopp. Von Karl dem Großen bis zum Alten Fritz und Wilhelm Zwei wird nichts ausgelassen. Historie im unverschämten Comic strip. Orientierungslosen Kindern schenken: in Null Komma nichts haben die den teutonischen Überblick. Großformat.
Nur 14,80 DM (1801)

Gib's ihnen!
Ratgeber, wie man sich die unverschämten kleinen Nervensägen vom Hals hält. Zynische Ratschläge, bittersüße Bilder. — Mit Kinderhasser-Lexikon im Anhang. Und doch nur **10 DM** (1816)

Neuentdeckung: Gerd Bauer

Ein neuer Top-Zeichner mit perfekt ausgearbeitetem Strich und unglaublich viel Witz und Verstand. »Also Leute, notiert euch: ein neues Humorgenie ist geboren. Sein Buch müßt ihr kaufen!!!« schrieb der Oxmox in Hamburg. Deshalb druckten wir gleich 2mal Gerd Bauer. »Ein ganz böser Bube schleicht sich da rotzfrech in die nicht gerade überbesetzte bundesdeutsche Cartoonisten-Gilde«, schrieb die Münchner Abendzeitung.

Kinderfeinde — hergehört!

Nachbarn, Verwandte, Mitmieter und sogar Passanten hassen Kinder abgrundtief und oft auch nicht ohne Grund. Hausbesitzerverbände, Schrebergartenvereine, öffentliche Verkehrsbetriebe, Schulen, Fakultäten und Familien sind die institutionelle Basis des Kinderhasses. Nur — der Kinderhaß ist noch immer ein Tabuthema. Leute, tut doch nicht so kinderlieb! Bekennt Euch!